Skiunfall! Wer haftet?

Salzburger Studien zum Europäischen Privatrecht

Herausgegeben von Prof. DDr. J. Michael Rainer

Band 14

PETER LANG
Frankfurt am Main · Berlin · Bern · Bruxelles · New York · Oxford · Wien

Patrick Schenner

Skiunfall! Wer haftet?

Schadenersatz im
österreichischen Skirecht

PETER LANG
Europäischer Verlag der Wissenschaften

Bibliografische Information Der Deutschen Bibliothek
Die Deutsche Bibliothek verzeichnet diese Publikation in der Deutschen Nationalbibliografie; detaillierte bibliografische Daten sind im Internet über <http://dnb.ddb.de> abrufbar.

Zugl.: Salzburg, Univ., Diss., 2002

ISSN 1435-6090
ISBN 3-631-50497-7

www.peterlang.de

meiner Familie

Vorwort

Das Thema dieser Arbeit beschäftigt mich genetisch bedingt seit frühester Kindheit. Skifahren gelernt habe ich bereits im Alter von 2 Jahren, nachdem mein Großvater einer der bekanntesten Skipioniere Österreichs war. Meine ersten Ski wurden maßgeschneidert nach den Vorgaben meines Großvaters in der eigenen Skifabrik. Auch mein Vater, Franz Schenner, hat in verschiedenen führenden Funktionen im Skigeschäft gearbeitet und hat dem Thema Wintersport nicht nur beruflich, sondern auch in seiner Freizeit sehr viel für die Branche gearbeitet.

Ich schreibe diese Arbeit nicht um der Rechtswissenschaft willen, sondern will der Praxis des Skirechts einen Dienst erweisen. Versicherungen, Bergbahngesellschaften, Anwälte, Richter und alle die sonst noch in Rechtsstreitigkeiten rund um den Skisport verwickelt werden, sollen auf einen Blick eine gute und begründete Übersicht über das erhalten, was den Großteil des österreichischen Skirechts ausmacht.

So hatte ich auch das Vergnügen gehabt, den Skisport und das dazugehörige Rechtsverständnis aus sehr praxisnahen Quellen erschließen zu können. Prof. Anselm Vogel und Dr. Hermann Engl darf ich besonders hervorheben, die seit Jahrzehnten als Wissenschafter und Physiker für den Skisport durch ihre Zielgruppendefinition (L/A/S/I) eine klare Empfehlung und Normierung erarbeitet haben.

Das Freizeitvergnügen Skifahren darf zu keiner Bastion des Rechtes werden. Der rechtswissenschaftliche Elfenbeinturm steht bereits häufig genug im Weg des Rechtsuchenden.

Diese Arbeit versucht besonders an die Vernunft und die Selbstverantwortlichkeit des Skisportlers zu appellieren und deren Bedeutung in Haftungsfragen hervorzuheben.

Salzburg, im Februar 2002

Inhaltsverzeichnis

Abkürzungsverzeichnis

Abs.	Absatz
ABl	Amtsblatt der Europäischen Gemeinschaft
Art	Artikel
Aufl	Auflage
BlgNR	Beilage zu den stenographischen Protokollen des Nationalrates
bzw.	beziehungsweise
e.a.	et alteris
EU	Europäische Union
EG-V, EG-Vertrag	Vertrag zur Gründung der Europäischen Gemeinschaft
EuGH	Gerichtshof der Europäischen Wirtschaftsgemeinschaft
EuR	„Europarecht"
EWG-V, EWG-Vertrag	Vertrag zur Gründung der Europäischen Wirtschaftsgemeinschaft vom 25. März 1957; seit 1. November 1993 „EG-V"
EWR-V, EWR-Vertrag	Abkommen über den Europäischen Wirtschaftsraum vom 2. Mai 1999
f	folgende
ff	fortfolgende
FIS	Fédération Internationale de Ski
FN	Fußnote
GP	Gesetzgebungsperiode
hA	herrschende Ansicht
hL	herrschende Lehre
IAS	Internationaler Arbeitskreis Sicherheit beim Skilauf
IPR	Internationales Privatrecht

IPRG	Bundesgesetz über das internationale Privatrecht
iSv., iSd.	im Sinne von, im Sinne des
JBl	Juristische Blätter
lit.	Littera
LStVG	Landesstraßenverkehrsgesetz
Nr.	Nummer
NVwZ	Neue Zeitschrift für Verwaltungsrecht
OGH	Oberster Gerichthof
OLG	Oberlandesgericht
POE	Pistenordnungsentwurf
RL	Richtlinie
RN	Randnummer
RS	Rechtssache
S	Seite
s.	siehe
Slg.	Sammlung der Rechtsprechung des Gerichtshofes
ua.	und andere
usw.	und so weiter
u.U.	unter Umständen
vgl.	vergleiche
VO	Verordnung
ZVR	Zeitschrift für Verkehrsrecht
z.B.	zum Beispiel

1. Einleitung

„Jedermann ist berechtigt, von dem Beschädiger den Ersatz des Schadens, welcher dieser ihm aus Verschulden zugefügt hat, zu fordern; der Schaden mag durch Übertretung einer Vertragspflicht oder ohne Beziehung auf einen Vertrag verursacht worden sein."
Der erste Absatz Paragraphen 1295 des österreichischen Allgemeinen bürgerlichen Gesetzbuches hat schon unzählige Rechtswissenschaftler zu ebenso vielen juristischen Arbeiten veranlasst.
Dieses Werk beschäftigt sich mit grundsätzlichen Haftungsfragen, die sich bei der Ausübung des Skisports ergeben können. Die Besonderheit des Skisports als Massenphänomen, seine Bedeutung für Österreich und die Häufigkeit von Skiunfälle sind Gründe warum eine Arbeit über Schadenersatz in diesem Bereich notwendig ist. Das großartige Standardwerk für Skirecht von Dr. Joseph Pichler und Dr. Wolfgang Holzer ist 1989 erschienen, womit es an der Zeit war, neuen Entwicklungen im Skisport und neuer Rechtsprechung Rechnung zu tragen.

2. Schadenersatz der österreichischen Rechtsordnung

2.1 Schadenersatz allgemein

Der haftungsbezogenen Durchleuchtung des Skirechts schicke ich in aller Kürze die Grundsätze des österreichischen Schadenersatzrechts voraus[1].
Damit ein Schaden ersetzt wird, ist es Vorraussetzung, dass ein solcher überhaupt besteht. Als ersetzbare und für den Skisport im Allgemeinen relevante Schäden unterscheidet man in Österreich zwischen Vermögensschaden (positiver Schaden – entgangener Gewinn), ideellem Schaden (immaterieller Schaden = Schmerzen) und dem Nichterfüllungs- bzw. Vertrauensschaden (positives bzw. negatives Interesse).
Der positive Schaden tritt dann ein, wenn ein real vorhandener Vermögenswert gemindert oder vernichtet wird. Entgangener Gewinn wird dann zum Schaden, wenn relativ sichere Erwerbschancen vereitelt werden. Der beim Skiunfall typisch auftretende ideelle Schaden ist keine Verminderung im Vermögen des Geschädigten. Die bei einer Körperverletzung auftretenden Schmerzen stellen einen Gefühlsschaden da, der in der Form des Schmerzensgeldes nach § 1325 ABGB je nach Dauer und Intensität, einer Art „Gebührenkatalog" folgend, in Geld umgerechnet und ersetzt wird. Nichterfüllungs- bzw. Vertrauensschaden sind für Skiunfälle nur bei Pistensicherungsfragen von Bedeutung, bestehen sie schließlich nur bei vertraglicher oder vertragsähnlicher Haftung. Ersatz des Nichterfüllungsschadens bedeutet, dass der Schädiger beim Vermögen des Geschädigten jenen Zustand herstellen muss, der bei gehöriger Vertragserfüllung bestehen würde. Das beim Vertrauensschaden verletzte Vertrauen besteht in die Gültigkeit einer abgegebenen Erklärung oder darauf, dass ein Vertrag zustande kommt. Der Schaden sind

---

[1] Folgend dem Aufbau Welsers in: Koziol - Welser, II[11], S. 271 ff.

Aufwendungen für Vertragsvorbereitungen oder –abwicklungen, die unnötig geworden sind, weil der Vertrag nicht oder nicht gültig zustande kommt.

Damit jemand für einen entstandenen Schaden aufkommen muss, ist es notwendig, dass er ihn verursacht hat, also kausal für den Schadenseintritt ist. Kausal ist ein Verhalten (im Sinne eines aktiven Tuns, oder auch einer Unterlassung), wenn ohne denselben der Erfolg nicht eingetreten wäre. Zur Ermittlung des Verursachungszusammenhangs dient die "sine qua non-Formel". Zu dieser sog. Äquivalenztheorie kommt bei der Prüfung der Kausalität die Adäquanztheorie. Adäquat ist ein Verhalten, wenn es nach seiner allgemeinen Natur auch geeignet ist, den Erfolg in der Form herbeizuführen. Das soll eine Haftung im Falle einer außergewöhnlichen Verkettung von Umständen ausschließen. Die Adäquanz ist weniger als ein Faktor in der Herleitung der Kausalkette als ein besonderes Kriterium der Zurechnung zu sehen.

Unter Rechtswidrigkeit versteht man den Verstoß gegen Gebote oder Verbote der Rechtsordnung, gegen die guten Sitten und vertragswidriges Verhalten. Bei der Prüfung des Rechtswidrigkeitszusammenhangs stellt man fest, ob sich die Gefahr, die ein Gebot oder Verbot verhindern soll, realisiert hat.

Als letztes Element kommt die persönliche Vorwerfbarkeit der schädigenden Handlung, er sich also nicht so verhalten hat, wie es ihm möglich oder vorgeschrieben war.[2] Der österreichische Schadenersatz, ein direkter Nachfahre der Lex Aquilia, basiert auf dem Grundsatz der Verschuldenshaftung. Verschulden kann in der Form von Vorsatz (böse Absicht) oder Fahrlässigkeit (Versehen) vorliegen. Vorsatz, die Herbeiführung des Schadens „mit Wissen und Willen" (§ 1294 ABGB) tritt in mehreren Arten auf, die allerdings dieselben Rechtsfolgen nach sich ziehen. Die Fahrlässigkeit – mit der juristisch wiederum bedeutsamen Unterscheidung zwischen grober und leichter

---

[2] Koziol - Welser, II[11], S. 272.

Unterscheidung zwischen grober und leichter Fahrlässigkeit – stellt ein Außerachtlassen nötiger Sorgfalt dar.
Beim Vorliegen aller dieser Voraussetzungen besteht Schadenersatzpflicht, wobei in dieser Arbeit vor allem Probleme der Kausalität und der Rechtswidrigkeit näher behandelt werden.

2.2 IPR und Skiunfall

Ein großer Teil der zehn Millionen Skifahrer auf Österreichs Pisten kommt aus dem (meist benachbarten) Ausland. Das ist für Österreich als Tourismusland und für unsere Leistungsbilanz am Ende des Jahres von größter Bedeutung. Diese Tatsache birgt jedoch auch ein juristisches Problem in sich, nämlich das der Auslandsberührung (§ 1 IPRG). Andere Länder, andere Sitten. Das gilt natürlich auch für die Rechtsordnungen.
Kollidiert ein Österreicher mit einem Deutschen auf einer Tiroler Skipiste, ergibt sich die Frage, ob nun österreichisches oder deutsches Recht anzuwenden ist. Welches Gericht ist für die Verhandlung zuständig? Eine wichtige Frage schon allein aus prozessökonomischen Gründen. Muss das deutsche Gericht zum Lokalaugenschein nach Österreich anreisen? Hat der Österreicher sich auf den Weg zur Verhandlung nach Deutschland zu machen?
Das IPR-Gesetz besteht aus Rechtsanwendungsnormen (=Verweisungsnormen), die festlegen, welches materielle Recht zur Anwendung gelangt[3]. Bevor eine Entscheidung in der Sache selbst getroffen werden kann, muss in Fällen mit Auslandsberührung die Frage des berufenen Rechts geklärt werden.
Die diesbezüglichen Bestimmungen sehen für gesetzliche Schuldverhältnisse wie der für das Skirecht und im Rahmen dieser Arbeit bedeut-

---

[3] Schwimann, Internationales Privatrecht, S. 2.

samen Frage der Schadenshaftung im Allgemeinen und besonders im § 48 Abs. 1 IPRG folgendes vor:

Grundsätzlich ist auch für Fälle des Schadenersatzes Rechtwahl zulässig. Diese sog. Privatautonomie gibt den involvierten Parteien die Möglichkeit, sich für eine der berührten Rechtsordnungen[4] zu entscheiden. Besteht eine Auslandsberührung, können die Parteien unter sich vereinbaren, welches Recht auf den Rechtsstreit zur Anwendung kommen soll. In den vorliegenden Fällen von Schadensersatzforderungen wird die Rechtswahl wohl immer nachträglich erfolgen. Da bei der Verletzung von Pistensicherungspflichten davon ausgegangen wird, dass es sich um eine Verletzung vertraglicher Nebenpflichten handelt, kann eine Rechtswahl in den AGBs der Liftgesellschaften beim Kauf der Liftkarte enthalten sein.

Dieses Dispositionsrecht geht nach umstrittener[5] Rechtsprechung[6] soweit, dass eine im weitesten Sinne internationale Berührung ausreichend sei, um als Wahlrecht in Frage zu kommen. Somit kann nicht nur Schädigungsort oder Staatsangehörigkeit der Beteiligten in Frage kommen, sondern sogar der Wohnsitz. Die Wahlfreiheit kennt dann wohl kaum mehr Grenzen, im wahrsten Sinne des Wortes, und die sonst verfolgte "stärkste Beziehung" (§ 1 Abs. 1 IPRG) verwischt, da die gewählte Rechtsordnung die nach dem Gesetz bestimmte Rechtsordnung gänzlich verdrängt.

Besteht keine Rechtswahl und wird auch im Zuge des Verfahrens keine getroffen, was bis zum Ende der mündlichen Streitverhandlung in 1. Instanz (als erste und letzte Tatsacheninstanz) zulässig ist[7], kommen die Regeln des § 48 IPRG zur Anwendung.

Bei Skiunfällen stellt der Handlungsort den entscheidenden Anknüpfungspunkt dar. Demnach sind außervertragliche Schadenersatzan-

---

[4] Schwimann, Internationales Privatrecht, S. 32.
[5] Schwimann, Internationales Privatrecht, S. 33.
[6] OGH in immolex 1999, 109/81.
[7] Schwimann, Internationales Privatrecht, S. 33f.

sprüche "nach dem Recht des Staates zu beurteilen, in dem das den Schaden verursachende Verhalten gesetzt worden ist" (§ 48 Abs. 1 IPRG). Kollidieren zwei Skifahrer (egal welcher Nationalität) auf einer Piste in Österreich, ist der Ort der den Schaden verursachenden Handlung natürlich Österreich und somit ist Österreichisches Recht anzuwenden. Das schädigende Verhalten[8], die Vorrangsverletzung oder eine sonstige Verletzung der Pistenregeln oder Sorgfaltspflichten löst die Anwendbarkeit der österreichischen privatrechtlichen Bestimmungen aus.

Verfahrensökonomisch begrüßenswert legt § 48 Abs.1 2. Satz eine Ausnahme davon fest. Im Falle einer stärkeren Beziehung beider Parteien zum Recht ein und desselben anderen Staates kommt dessen Recht zur Anwendung. Diese Beziehung ist dann stärker, wenn Personalstatut als auch Sitz beider Parteien im selben Staat liegen, oder bei typischen gruppeninternen Delikten (wie z.B. Reisegruppen) gilt das einheitliche Personalstatut der Gruppenmitglieder[9].

Stoßen zwei Skitouristen aus Deutschland mit deutschem Wohnsitz auf Salzburgs Pisten zusammen, kommt im Falle eines Rechtstreits trotz des österreichischen Handlungsortes deutsches Recht zur Anwendung. Dasselbe gilt für Kollisionen von Teilnehmern einer die österreichischen Berge genießenden deutschen Skireisegruppe untereinander.

---

[8] Schwimann, Internationales Privatrecht, S. 75.
[9] Schwimann, Internationales Privatrecht, S. 76f.

3. Skiunfall wegen Verletzung der Pistensicherungspflichten

3.1 Allgemeines

Am Beginn der Haftungsfragen im Skisport steht das Terrain, auf dem der Skisport ausgeübt wird, die Piste. Früher, zu Jugendzeiten meines Großvaters, war ein Skitag nichts anderes als die heute wieder so beliebt gewordene Skitour. Dem oft beschwerlichen Aufstieg – von Schleppliften ja damals noch keine Spur - folgte die Abfahrt durch das naturbelassene Gelände, dessen Benutzung vom Besitzer mehr oder minder geduldet wurde; bedeutend viele Skifahrer waren es damals auch noch nicht.

Heutzutage verhält es sich bekanntermaßen anders. Das Skifahren ist zu einem nicht mehr wegzudenkenden Faktor des österreichischen Bruttoinlandsprodukts aufgestiegen, die Industrie der Seilbahnwirtschaft ist ein bedeutsamer Faktor im heimischen Tourismus, und unzählige Pistenkilometer erfreuen das Herz des Skifahrers.

Von naturbelassenen Pisten kann heutzutage nicht mehr die Rede sein. Wie Autobahnen schlängeln sich die dem Skisport gewidmeten Flächen zu Tale. Der Ausbau der Pisten hängt auch mit den gestiegenen Förderkapazitäten zusammen, die der Massentourismus notwendig machte. Immer mehr Leute können – und wollen auch - immer schneller auf den Berg befördert werden, und somit werden größer dimensionierte Abfahrten notwendig.

Nicht zu unterschätzen ist in diesem Zusammenhang die Gefahr, die der Skisport in sich trägt, und der daraus resultierende Bedarf an Absicherung. Die größere Anzahl der Skifahrer und die immer besser präparierten Pisten, die höher gefahrene Geschwindigkeiten erlauben, erfordern eben ein erhöhtes Maß an Absicherung. Der Aufwand kann gewaltige Ausmaße annehmen.

Bei der Präparierung und Absicherung der berüchtigten Streif in Kitzbühel laufen Kosten auf, die den vorstellbaren Rahmen deutlich übersteigen. Zur Fertigstellung der Streif sind 140.000 Kubikmeter Schnee erforderlich. Ein Kubikmeter kostet die Bergbahnen, den Veranstalter des Rennens, ATS 38 (EUR 2,75). Die Verankerungen der Sicherheitsnetze verursachten Kosten von ATS 5.000.000. Dass es noch immer gewaltigen Aufwand benötigt, um zu einer gesicherten Piste zu kommen, obwohl die Kosten die zehn Millionen Marke bereits übersteigen, liegt auf der Hand. Unzählige Arbeitsstunden, die Sicherungsnetze und –planen an sich usw. verursachen einen gewaltigen Aufwand, der für die gefährlichste Abfahrt der Welt notwendig ist.
Von Kosten in solcher Höhe ist man im Freizeitskilauf freilich weit entfernt, sind doch die Ansprüche an die Sicherheit in diesem Bereich aufgrund anderer Pistenverhältnisse (weniger steil und weniger harter „Belag“) und langsamerer Geschwindigkeiten gänzlich verschiedene. Ein Aufwand in dieser Höhe ist im "zivilen" Skilauf nicht zu rechtfertigen. Davon abgesehen befindet sich der Skifahrer ja auch nicht im Wettkampf gegen die Zeit, und keiner verlangt von ihm, möglichst schnell zu Tale zu rasen, vielmehr gebieten die FIS-Regeln sogar eine angepasste Fahrweise[10].
Die Pistensicherung hat mittlerweile dennoch Dimensionen erreicht, die noch vor 25 Jahren undenkbar gewesen sind. Die Absicherung jeglicher Gefahr für den fahrenden, stürzenden oder von der Piste abkommenden Skifahrer wurde zur verantwortungsbeladenen Pflicht der Pistenbetreiber. Die Möglichkeiten der Pistensicherung haben durch die im Rennsport gemachten Erfahrungen auch im „zivilen“ Bereich gewaltige Ausmaße erreicht. Wie überall ist auch hier der heutige Stand der Technik nicht mehr mit früheren Sicherungsmaßnahmen vergleichbar. Denke ich an Pisten in meinen Kindertagen, war deutlich weniger Orange (die übliche Farbe der Sicherheitseinrichtungen) zu sehen.

---

[10] siehe dazu unten.

Eine Gebrauchsanleitung kann der Natur der Sache nach nicht gegeben werden. Wie bei vielen Freiluftsportarten kann nicht alles vorhergesagt werden, zu viele Variablen sind zu beachten, weshalb nur grobe Empfehlungen und Richtlinien abgegeben werden, im Einzelfall jedoch besonderes Augenmerk auf Details gelegt werden muss. Man bedenke nur: Eine Absicherungsmaßnahme kann am Tag X bei weitem den Anforderungen der Pistenabsicherung genügen, fällt aber über Nacht eine größere Menge Schnee, kann es sein, dass z.B. die Absperrung eingeschneit und nicht mehr hoch genug ist, um den gefährlichen Sturzraum abzusichern, und somit haftungsauslösende Absicherungsmängel bestehen. Die Schwierigkeiten, die ein mit der Pistensicherung Betrauter somit zu bewältigen hat, lassen sich schon an diesem kleinen Beispiel erahnen.

Die zunehmende Weiterentwicklung und der massive Einsatz von Maßnahmen zur Pistensicherung haben in den letzten 25 Jahren zu einem drastischen Sinken der Verletztenzahlen auf den heimischen Pisten geführt. In den vergangen Jahren ist es jedoch zu einer Stagnation gekommen, die darauf hindeutet, dass das Risiko der unsicheren Piste soweit minimiert ist, dass bei einem weiteren Bestreben nach noch mehr Absicherung ein wahrnehmbares Sinken der Pistenopfer nicht mehr zu erwarten ist[11] und somit der derzeitige Stand der vorgeschriebenen und notwendigen Absicherungen als ausreichend zu bezeichnen ist. Wiederholt stellt auch der OGH fest, dass die Pistensicherungspflicht nicht überspannt werden darf. Will man das, von menschlichen wie auch volkswirtschaftlichen Gesichtspunkten aus unbedingt anzustrebende Ziel niedrigerer Unfallzahlen auf Österreichs Pisten erreichen, muss die Unfallprophylaxe zunehmend am Skifahrer selbst ansetzen.

---

[11] Pichler – Rabofsky, ZVR 1990, 36

3.2 Delikts-, Wegehalterhaftung gem. §1319a ABGB oder vertragliche Haftung?

Mein Skitag beginnt mit dem Kauf einer Liftkarte, also dem Abschluss eines - zumindest dem Namen nach - Transportvertrages. Hauptinhalt des Vertrages ist die Beförderung von der Tal- zur Bergstation und die weitere Beförderungen mit den Liften im Skigebiet. Für Schäden des Skifahrers, die beim Betrieb der Beförderungsanlagen auftreten, die aus Sorgfaltsverletzung des Skiliftbetreibers herrühren, haftet der Liftbetreiber selbstverständlich wegen Verletzung der Hauptvertragspflicht. Daneben unterliegt die Haftung des Seilbahnbetreibers noch dem EKHG.

Darüber hinaus haftet der Liftbetreiber auch für schuldhafte Verletzungen vorvertraglicher Schutz- und Sorgfaltspflicht (culpa in contrahendo)[12]. So beginnt die, die vertragliche Haftung auslösende vorvertragliche Beziehung z.B. schon beim Zugang zur Liftkasse[13], wo sich der Vertrag zwischen Liftgesellschaft und Skifahrer in der Anbahnung befindet, und somit den Liftbetreiber Pflichten wie „Streuen" oder andere Sicherungsmaßnahmen treffen.

Aber zurück zur Hauptfrage dieses Kapitels: Wird das zur Verfügungstellen einer geeigneten Abfahrt zum Vertragsinhalt beim Kauf einer Liftkarte? Eine Frage bei der gerichtlichen Klärung von Skiunfällen, deren Beantwortung für eine der Streitparteien Notstand auslösen kann, nämlich Beweisnotstand.

Während meiner Zeit bei Gericht konnte ich etwas feststellen, was mir während meines Studiums nie als großartiges Problem erschien: das Damoklesschwert der Beweislast. Der, dem es obliegt, Beweis zu erbringen, ist prozesstechnisch im Hintertreffen. „Normalerweise" muss ja bei zivilen Streitigkeiten vor Gericht jeder den Beweis für die Wahrheit

---

[12] Koziol - Welser, II[11], 15
[13] Pichler – Holzer, 88.

seines Vorbringens selbst liefern und somit dem Schädiger gem. § 1296 ABGB sein Verschulden nachweisen. Davon gibt es selbstverständlich div. Ausnahmen und Sonderregeln wie z.B. den Anscheinsbeweis oder eben die Beweislastumkehr gem. § 1298 ABGB im Falle von behaupteten Verletzungen vertraglicher Verpflichtungen, wo es dem Schädiger obliegt, den Freibeweis für sein Verschulden anzutreten.
Wie im § 1298 ABGB verankert, trifft denjenigen die Beweislastumkehr für sein Verschulden, der eine vertraglich festgelegte Pflicht fahrlässig verletzt, bzw. wird eine solche Verletzung behauptet, die Kausalität muss weiterhin der Geschädigte beweisen[14].
Seit Anfang der 80-er hat sich trotz anfänglich massiver Gegenwehr mit rechtlich gleichwertigen und rechtspolitisch möglicherweise besseren Lösungen im Schrifttum[15] die Ansicht der Judikatur behauptet, das Zur-Verfügung-Stellen der Piste werde zur vertraglichen Nebenpflicht des Beförderungsvertrags Liftkarte. Das war nicht immer so.

3.3 Rechtsgeschichtliche Entwicklung der Haftung des Pistenhalters

Vor 1.1.1976 haftete ein Pistenhalter nach den allgemeinen Grundsätzen des Schadenersatzrechtes, gleichgültig ob der Verletzte eine Skikarte sein Eigen nannte. Seine Haftung umfasste Schäden, die aufgrund von fahrlässig oder vorsätzlich herbeigeführten Mängeln im Bereich der Pistensicherung verschuldet wurden. Seine Haftung umfasste auch leichte Fahrlässigkeit, was schon damals zu Widerspruch in der Lehre führte[16], da der Pistenhalter als privater Träger von Sorgfaltspflichten im Gesamtsystem der Rechtsordnung schlechter gestellt war als ein Straßenhalter, ein öffentlicher Pflichtenträger, dem dahingehende Haftungs-

[14] Koziol - Welser, II[11], 290f .
[15] U.a. Reindl, Verkehrssicherungspflichten auf Skipisten, ZVR 1975, 357.
[16] Pichler, Pisten – Paragraphen - Skiunfälle, 83.

erleichterung in Sondergesetzen zugebilligt wurde, dass er nur mehr für grobe Fahrlässigkeit haftete.
Eine weitere Folge der Regelung nach allgemeinen deliktischen Schadenersatzgrundsätzen, da ja ein Schuldverhältnis nicht besteht[17], ist ein unbefriedigendes Resultat bei der Haftung für Helfer oder Mitarbeiter des Pistenhalters, der er sich gerade bei der Pistenerhaltung regelmäßig bedienen wird müssen. Nachdem hier nur § 1315 ABGB zum Tragen kommt, ist ein erfolgreicher Ausgang eines Prozesses fraglich, da die Haftung nach der „Auswahlfahrlässigkeit" nur in beschränkten Fällen eintritt, wo sich der Pistenhalter zur Erfüllung seiner allgemeinen Sorgfalts- bzw. Verkehrssicherungspflicht im Bereich der Pistensicherung eines sog. Besorgungs- bzw. Verrichtungsgehilfen bedient, der untüchtig oder wissentlich gefährlich ist.
Die Beweislast hierfür liegt beim Kläger, und der sieht sich mit der schier unlösbaren Aufgabe konfrontiert, solche Eigenschaft eines – in den meisten Fällen – fremden Menschen nachweisen zu müssen, oder darüber hinaus auch noch die Tatsache, dass der Pistenhalter darum wusste.
Der Wendepunkt kam mit Einführung eines Paragraphen eigens für Haftungsfragen rund um den Wegehalter in das ABGB, dem § 1319a. Nachdem geklärt wurde, dass sein Wirkungsbereich auch Skipisten umfasste, brachte er einige rechtspolitisch begrüßenswerte Änderungen, auf die im Folgenden eingegangen wird. Einige Jahre wurde die Haftung des Pistenhalters für Mängel an der Pistensicherung nach dieser Regelung gemessen.
Es entwickelte sich dann die Ansicht, zuerst der Judikatur[18], im zunehmenden Maße auch im Schrifttum, dass die Pistensicherung eine Nebenpflicht aus dem Beförderungsvertrag, und somit vertraglicher Schadenersatz ausschlaggebend ist.

---

[17] bzw. nach der damaligen Ansicht nicht bestanden hat: Pichler, Neue Rechtslage für Skipisten, ZVR 1976.
[18] erstmals OGH 07.06.1978, ZVR 1979/74 mit Anm von Pichler = JBl 1979, 433.

3.4 Haftung nach §1319a (Wegehalterhaftung)

Mit 01.01.1976 trat § 1319a ABGB in Kraft. Er normiert seitdem die Haftung des Wegehalters für den Zustand seines Weges.
Für die Anwendung im Bereich Skirecht ist zunächst zu klären:

1. ob die Piste ein Weg iSd. § 1319a ABGB ist
2. und wer Halter einer Skipiste ist?

Ist die Piste ein Weg iSd. § 1319a ABGB?
Absatz 2 definiert einen Weg als Landfläche, die von jedermann unter den gleichen Bedingungen für den Verkehr jeder Art oder für bestimmte Arten des Verkehrs benützt werden darf.
Die Piste ist ja nach dem Sprachgebrauch kein Weg wie eine Straße, so hat auch der Gesetzgeber in der Gesetzesbegründung[19] als Beispiele für Wege Karrenwege, Trampelpfade, Zubringer- und Anrainerwege, Bringungs- und Forstwege, Wander- und Erholungswege angeführt, aber auch Kletterwege. Aufgrund einer so weit reichenden Legaldefinition ist juristische Subsummierung gefragt.
Dass die Piste eine Landfläche ist, wenn auch mit Schnee bedeckt, steht außer Frage. Um der Wegedefinition des § 1319a weiter zu entsprechen, muss die Landfläche von jedermann unter den gleichen Bedingungen benützt werden dürfen. Auch das ist bei Skipisten der Fall. Privatskipisten kenne ich persönlich keine, somit ist das Skifahren - Prototyp eines Massensports - jedermann zugänglich, der sich eine Karte kaufen will. Es gibt in manchen Skigebieten Höchstgrenzen der „Belastbarkeit". So z.B. am Gletscherskigebiet Kaprun-Kitzsteinhorn (derzeitige Personenkapazität: 6.500), damit bei plötzlichen Unwettereinbrüchen die Skigäste vom Gletscher geborgen werden können. Obwohl durch eine solche Einschränkung nur ein begrenzter Benutzerkreis in den Genuss

---

[19] 1678 BlgNR 13. GP, 3f.

eines Gletscherskitages kommen kann, handelt es sich um einen allgemein zugänglichen Weg iSd. Definition. Dies findet sich ausdrücklich in der Erklärung des Gesetzgebers[20]. Als die dritte und ebenfalls erfüllte Voraussetzung sei festgestellt, dass der Skilauf als Verkehr bezeichnet werden kann. Der Brockhaus definiert Verkehr als „Gesamtheit aller Ortsveränderungen von Personen und Gütern als grundlegende Voraussetzung für soziale Teilhabe ...“[21]. Zweifelsfrei entspricht der Skilauf also den Anforderungen dieser Definition. Der OGH verwendete auch schon vor der Einführung des § 1319a ABGB den Begriff „Skiverkehr“ in einer seiner Entscheidungen[22], und gab damit seiner Ansicht, Skifahren sei eine Art Verkehr, gleich ein eigenes Wort. Die Ordnung, unter der man die Piste benützen darf, ist für alle gleich. Die Skiordnung ergibt sich aus Pistenregeln, an die sich jeder zu halten hat (zu Konsequenzen bei Zuwiderhandlung später mehr). Es handelt sich aufgrund dieser Eigengesetzlichkeit[23] um eine „bestimmte Art des Verkehrs“ gemäß der Definition der § 1319a Abs. 2 ABGB.
Und was ist eine Piste? ÖNORM S 4611 Teil 1 beinhaltet eine Pistendefinition. Eine Piste ist eine allgemein zugängliche, zur Abfahrt mit Ski vorgesehene und geeignete Strecke, die markiert, kontrolliert und vor atypischen Gefahren, insbesondere Lawinengefahren, gesichert ist und präpariert wird. Diese Definition ist wohl mehr ein Ideal als haftungsrechtlich relevant. Dazu mehr unter „Markierung der Piste“.

Wer ist Halter einer Skipiste?

Als Halter eines Weges wird derjenige bezeichnet, der die Kosten der Errichtung und Erhaltung trägt und die Verfügungsmacht besitzt.[24] Der

---

[20] s. FN 19.
[21] Der Brockhaus: Enzyklopädie in 24 Bänden.
[22] so OGH in EvBl 1973/198.
[23] Pichler – Holzer, 49.
[24] 856 BlgNR 13. GP, 7.

Begriff „Halter“ ist in Haftpflichtsondergesetzen nicht neu (s. auch § 5 EKHG: der Halter des KFZ).

Die vom Halter als Piste vorgesehene Landfläche erfordert selbstverständlich Aufwendungen. Die Kosten der Errichtung der Skipiste bzw. auch deren Pflege übernimmt in der Regel ein Seilbahnunternehmen. Dieses finanziert die Rodungen des Waldes, die Pistengeräte, die Absicherungsmaßnahmen und auch das Pisten-personal. Die Kosten liegen in zweistelliger Millionenhöhe. Allein die Treibstoffkosten für Pistenfahrzeuge der Kitzbüheler Bergbahnen AG belaufen sich jährlich auf 8 bis 9 Millionen Schilling. Sie ist damit als Halter der Piste zu bezeichnen.

Die Problematik der Haltereigenschaft bei Skipisten ergibt sich aufgrund der vielen unterschiedlichen Konstellationen, wie die Pistenerhaltung organisiert sein kann. Es ist zum Beispiel nur selten der Fall, dass die Liftgesellschaft auch Eigentümer der Grundstücke ist, auf denen die Abfahrten betrieben werden. So kann es sein, dass der Grundeigentümer für die Pistenbeschaffenheit selbst Sorge trägt. Das kann durchaus in seinem Interesse liegen, bedenkt man beispielsweise die Flur- und Umweltschäden, die durch unvorsichtigen Umgang mit den mächtigen Pistenraupen verursacht werden können. Es besteht dabei die Möglichkeit, dass der Schaden mit Geld so leicht nicht mehr wettgemacht werden kann, will der Grundeigentümer im Sommer seine Alm auf diesem Gelände betreiben.

Es gibt noch andere Möglichkeiten, wie der Liftbetreiber und Pistenbetreiber verschieden sein können: Manche Gemeinden erhalten Pisten oder auch Fremdenverkehrsvereine. In einem solchen Falle ist streng auf die Kostenbelastung und Verfügungsbefugnis zu achten. Zusätzlich zu fordern, der Halter müsse auch den Nutzen aus der präparierten Piste ziehen[25] würde es unnötig schwierig machen, den Halter zu identifizieren.

---

[25] Bichl, 69; Pichler – Holzer, 49.

Übernimmt der Fremdenverkehrsverein die Kosten der Pistensicherung, ist jedoch nicht Betreiber der Liftanlage, zieht er nicht den direkten Nutzen aus der Piste. Ist er dann nicht mehr Halter? Das ist sicher nicht die gewünschte Konsequenz, sondern höchstens ein Sonderfall, der aus der zu strengen Definition des „Halters" herausfällt. Haften soll schlicht derjenige, der für die Erhaltung der Piste verantwortlich ist, und das lässt sich aus der Kostentragung und der Weisungsbefugnis ableiten.

Anwendungsbereich des Wegehalterrechts

Nachdem diese Fragen zustimmend zu beantworten waren und nach wie vor sind, haftet der Pistenbetreiber deliktisch, unabhängig vom Bestehen eines Vertrages (Liftkarte u.ä.), nach den Grundsätzen der sog. Wegehalterhaftung. Dass kein Vertrag zwischen Pistenbenutzer und Pistenhalter besteht, kann z.B. dann vorkommen, wenn sich ein Tourengeher nach seinem Aufstieg eine bestehende Skiabfahrt für seine Talfahrt zu Nutze macht, was in einigen Skigebieten in der Nähe von beliebten Tourenrouten oft der Fall ist. Dieses Beispiel bildet den häufigsten Fall der Wegehalterhaftung des § 1319a ABGB.

Die lex specialis des § 1319a ABGB derogiert die leges generales des allgemeinen Deliktshaftrechtes und statuiert für diesen speziellen Fall einer Deliktshaftung[26] eine Privilegierung des Wegehalters, da die Haftung weniger streng ist, der Schädiger haftet schließlich nur für grobes Verschulden. Die deliktische Haftung wird auf grob fahrlässige oder vorsätzliche Vernachlässigung des Wegezustandes beschränkt.

Demgegenüber gibt es aber auch eine Haftungsausweitung, da der Halter für den Besorgungsgehilfen über die Fahrlässigkeit bei der Auswahl derselben gemäß § 1315 ABGB hinaus nach den dem § 1313a ABGB nachempfundenen Grundsätzen des § 1319a ABGB für seine Gehilfen haftet.

---

[26] Koziol – Welser, II[11], 334.

Dieses Resultat entsprach der damaligen Rechtslandschaft, da Straßenhalter, damals noch größtenteils öffentlicher Natur, mit Sondergesetzen von der allgemeinen Deliktshaftung ausgenommen wurden, und ein privater Wegehalter beim Nichtbestehen des § 1319a einer unfairen Benachteiligung gegenüberstand. Die Haftung des Pistenhalters und seiner Gehilfen war eine deliktische nach der Sonderregel des für Wegehalter geschaffenen Paragraphen, die Beweislast für das Verschulden des Pistenhalters bleibt in diesem Fall beim geschädigten Skifahrer.

3.5 Haftung aus Vertrag

Für den Fall des Pistenbenutzers, der sich mit einer gültigen Liftkarte ausgestattet sozusagen legitimiert auf der Piste aufhält, hat sich in der österreichischen Rechtslandschaft die Überzeugung durchgesetzt, die Pistenerhaltung werde eine Nebenpflicht des Beförderungsvertrags.[27]
Argumentiert wird in der Begründung, warum es sich um eine vertragliche Nebenpflicht handelt, damit, dass beim Kauf einer Liftkarte regelmäßig nicht der Transport von A nach B, in diesem Fall von der Talstation zur Bergstation im Vordergrund steht, sondern vor allem das Abfahren Zweck des Lift Fahrens ist[28], und daher die Dienstleistung der Pisten im Vordergrund des Interesses der Skifahrer steht. Das Skifahren sei eine Art Kreisverkehr, den der Liftbetreiber mit seinen Liften und der Ausweisung von Pisten dem Verkehr eröffnet.
Weiters ist die Pistensicherung schon deshalb ein Vertragsbestandteil, weil sie direkt aus den Mitteln gespeist wird, die durch die Einnahmen aus den Liftkartenverkäufen lukriert werden. Dieser wirtschaftliche Zusammenhang und die oftmalige Personalunion von Liftbetreiber und Pistenpfleger zeigen die faktische und enge Beziehung zwischen Liftkar-

---

[27] u.A. OGH 18.4.1989, 4 Ob 524/89, Greiter, S. 58; OGH 4.2.1993, 2 Ob 501/93, Greiter, S. 231, etc.
[28] Pichler – Holzer, S. 24.

te (Beförderungsvertrag) und Piste, so dass sich die Nebenpflicht derart ableiten lässt.
Pistenhalter ist derjenige, der aus dem Betrieb der Pisten den überwiegenden Vorteil zieht, der für die Pistenhaltung weisungsbefugt ist und den wirtschaftlichen Aufwand der Pistenpflege trägt.
Im „Vertragsmodell" zieht sich die vertragliche Haftung des Beförderungsvertrags „Liftkarte", der nach dem Transport vom Tal zum Berg – oder umgekehrt – seine Hauptverpflichtung erfüllt hat, weiter. Die Erfüllung der vertraglichen Nebenpflichten erstreckt sich eben auch auf die Erhaltung der Pisten sowie Parkplätze.
Die Liftgesellschaft ist natürlich befugt, seinen Kunden Anweisungen zu geben. Dies geschieht regelmäßig durch Anweisungen durch das Lift- und Streckenpersonal oder diverse Beschilderungen.
Der Skifahrer wird diese im eigenen Interesse zu befolgen haben. Tut er das nicht, kann das haftungsbefreiende Wirkung haben oder zumindest Mitverschulden begründen. Ebenso hat sich diese Rechtsansicht in Deutschland und der Schweiz durchgesetzt.
Die Folgen vom Abgehen von der Vertragshaftung und der Feststellung, die Pistensicherung wird Nebenpflicht aus dem Beförderungsvertrag, sind weitreichend. Zuerst haftet der Pistenhalter wieder für leichte Fahrlässigkeit. Die dahingehende Haftungserleichterung der Wegehalterhaftung nach § 1319a ABGB, der wie angeführt nur für grobe Fahrlässigkeit haften ließ, wurde wieder aufgehoben. Die Pistenhalter erfreuten sich also nur wenige Jahre dieser Privilegierung.
Eine Haftung schon bei leichter Fahrlässigkeit bedeutet, dass schon ein Fehler die Haftung auslöst, der gelegentlich auch einem sorgfältigen Menschen unterläuft. Bei der groben Fahrlässigkeit (auffallende Sorglosigkeit) muss die Sorgfaltswidrigkeit hingegen schon so gravierend sein, dass sie einem ordentlichen Menschen in dieser Situation keinesfalls

unterlaufen würde.[29] Somit führen schon viel geringere Unachtsamkeiten zur Schadenersatzpflicht als bei der Haftung des Wegehalters.
Eine weitere Konsequenz ist die Beweislastumkehr des § 1298 ABGB, nach der sich ein Vertragsteil bei behaupteter Vertragsverletzung von seinem Verschulden freibeweisen muss, und der Kläger - in unserem Fall der Skifahrer – nur die Kausalität der Sorgfaltswidrigkeit nachzuweisen hat.

3.6 Umgehungsmöglichkeiten?

Ich setze in diesem Abschnitt voraus, dass ich nicht der Einzige bin, dem das Resultat der These, Pistensicherung als Nebenpflicht des beim Kauf der Liftkarte geschlossenen Vertrages rechtspolitisch missfällt. Wenn eine Haftung für den Halter eines Weges als besondere gesetzliche Bestimmung besteht, hat der Gesetzgeber zum Ausdruck gebracht, in welchem Umfang ein Wegehalter haftbar gemacht werden kann und welche Sorgfalt ihm zumutbar ist.
Mit einem deutlichen Hinweis beim Kauf der Liftkarte darauf, dass die Pistensicherung nicht Inhalt dieses Vertragsverhältnisses wird und von einem ausgegliederten Betrieb übernommen wird, kann man sich natürlich nicht der Pflicht entziehen.
Durch Aufnahme von die Haftung beschränkenden Klauseln in die AGBs der Liftgesellschaften versuchen Liftgesellschaften die Haftung für leichte Fahrlässigkeit auszuschließen. Beim Kauf einer Liftkarte willigt der Skifahrer auch in die Gültigkeit dieser Bedingungen ein. Da aber eine Haftung für grundlegende Verletzungen der Verkehrssicherung nicht ausgeschlossen werden kann[30], ist das kein unbedingt wirksames Mittel der Haftungsbeschränkung.

[29] Koziol - Welser, II[11], 290f.

[30] Dambeck, Piste und Recht, S. 202.

Die Ausgliederung der Pistensicherung für sich allein kann schon deshalb nicht zur Befreiung von der vertraglichen Schadensersatzpflicht führen, da man sich dann eben eines Erfüllungsgehilfen bedient, für den aber dennoch nach § 1313a ABGB gehaftet wird. Eine erfolgreiche Ausgliederung im Sinne einer organisatorischen und wirtschaftlichen Abkoppelung der Pistensicherung wäre jedoch ein erster Schritt.

Nun kann durch ein wirtschaftliches wie auch rechtliches Konstrukt erreicht werden, dass die „Person", welche die Pistensicherung übernimmt, in keinerlei vertraglichem Band mit der Seilbahngesellschaft steht.

Ich finde es eigenartig, dass der Gesetzgeber für Wegehalter eine eigene Regelung trifft, in der er zum Ausdruck bringt, für welchen Sorgfaltsgrad der Wegehalter einzustehen hat, und diese eindeutigen Regelungen durch ein ebenso rechtliches Konstrukt (wie das meinige) – konsumentenfreundlich wie manch Rechtsprechung in Österreich betrieben wird – diese Regelung beiseite judiziert wird.

Ausreichende Pistensicherung und ein ebenso rechtspolitisch vertretbares Ergebnis würde die Belassung der Haftung für Pistensicherung nach den Grundsätzen des deliktischen Schadenersatzes mit sich bringen.

Die §§ 1319 und 1319a ABGB sichern eine ausreichende Haftung des Pisten- und Liftbetreibers, verteilen die Beweislast aber besser und erleichtern die Haftung für den Verantwortlichen auf grobe Fahrlässigkeit bei der Pistensicherung, was die immer wieder postulierte Ausuferung der Pistensicherungspflicht bereits im Ansatz verhindert. Für Verletzungen der Absicherung von atypischen Gefahren würde eine Haftung nach § 1319 ABGB (Haftung für Bauwerke) eintreten, die gerechtfertigterweise schon bei leichter Fahrlässigkeit die Haftung auslöst, da bei der Errichtung von Anlagen es zumutbar ist, sicherzustellen, dass keinerlei Gefahr davon ausgeht.

Eine ganz andere Lösung

Nachdem ich befürchte, dass sich selbst ob meiner Bedenken und Ausführungen an der Meinung der hL zum Thema Vertragshaftung des Liftbetreibers für Pistensicherung nichts ändern wird, erlaube ich mir für den Österreichischen Liftbetreiber folgenden Vorschlag darzulegen, der als Ergänzung oder Alternative zur Problematik der Pistenhalterhaftung adaptiert werden kann.

Die in Haftungsfragen besonders leidgeprüften Amerikaner haben im Wintersport einen eigenen Weg gewählt, um den Zwickmühlen von Prozessen wie Beweisfragen u.ä. zu entgehen und sich generell der Gefahren des Skisports von anderer Weise zu nähern, indem man die gegebenen Risiken bereits im Vorfeld mit einkalkuliert.

Wer schon einmal in den USA Skifahren war, wird sich gewundert haben, warum die Preise der Liftkarten so weit über dem österreichischen Niveau liegen. In Aspen ist eine Skikarte nicht unter 60 USD zu erstehen, und das bildet noch nicht die Obergrenze der Kartenpreise. 40-80 USD ist die Bandbreite der Tageskartenpreise. Dabei schließt der Skifahrer aber nicht nur den Beförderungsvertrag ab, sondern gleichzeitig eine private Versicherung für alle aus dem Vertrag und der sportlichen Betätigung resultierenden Schäden.

Dieses Modell befreit natürlich nicht von strafrechtlichen Vorwürfen, stellt aber eine gesicherte Schadensabdeckung (Folgeschäden, Schmerzensgeld, etc.) im Falle des Falles dar, macht viele Zivilprozesse überflüssig und fördert die allgemeine als auch die Rechtssicherheit der Opfer von Skiunfällen. Der Pistenbetreiber wird weiterhin ein berechtigtes Interesse an der Sicherheit seiner Abfahrten haben, da bei steigender Schadenshäufigkeit seine Versicherungsprämien steigen und das seine Liftkarten verteuern würde.

Ein volkswirtschaftliches Problem wäre damit ebenfalls angesprochen. Durch die Deckung der Behandlungskosten durch private Versicherer wären die Sozialversicherungsträger von der finanziellen Last dieser Freizeitunfälle befreit, was angesichts der jährlichen Milliardendefizite

willkommen erscheinen sollte, die schließlich aus Steuergeldern kompensiert werden müssen.
Ich lasse mich aber in diesem Rahmen nicht auf die seit Jahren geführte Diskussion um die Privatversicherung für Freizeitunfälle ein. Die finanzielle Entlastung, die die sportliche Betätigung der Sozialversicherung bringen soll, weil der Sport die Menschen gesünder macht steht der privaten Risikoerhöhung gegenüber. Der Gedanke des Sozialstaates kann nur so weit reichen, als seine Finanzierbarkeit realistisch bleibt und es nicht dazu kommt, dass auf Kosten nachfolgender Generationen ein Sozialsystem auf Pump gelebt wird.

3.7 Die Pflichten im Einzelnen:

Allgemeines
Im Zusammenhang mit der Pistensicherung fällt in Entscheidungen immer wieder das Schlagwort Pistenvertrauen[31]. Das Zur-Verfügung-Stellen einer Skiabfahrt durch den Pistenhalter löst beim Skifahrer berechtigterweise ein Vertrauen darauf aus, dass die Piste frei von atypischen Pistengefahren ist. Zu rechnen hat der Pistenbenutzer jedoch mit häufig auf Pisten vorkommenden Geländehindernissen (Kanten, kleineren Löchern, etc.) oder ungünstigen Schneeverhältnissen (z.B. apere Stellen, Buckel durch Abrutschen, Eisplatten, vereinzelte Steine, etc.). Sind hingegen Hindernisse nicht erkennbar oder treten vollkommen überraschend auf, kann ihm nicht mehr vorgeworfen werden, er hätte auch mit solchen Hindernissen rechnen müssen und demgemäß seine Fahrweise anpassen. Hier setzt die Verpflichtung zur Absicherung durch den Pistenhalter ein.

---

[31] z.B. OGH vom 18.2.1981, 6 Ob 530/81, ZVR 1982, Nr. 268 = EvBl 1981, Nr. 169 = JBl 1981, S. 481; OGH 18.4.1989, 4 Ob 524/89, Greiter, S. 58; OLG Innsbruck vom 28.2.1995, 1 R 25/95, Greiter, S. 71.

Dem Begriff „gesteigertes Pistenvertrauen“[32] kann nichts abgewonnen werden. Dass sich der geforderte Pflegezustand der Piste bzw. das Ausmaß der Pistensicherung erhöhen sollte, wenn ein Pistenhalter in Inseraten oder Prospekten seine Pisten als gepflegt, präpariert und gesichert anpreist, scheint juristisch nicht nachvollziehbar. Dass der Werbung nicht alles geglaubt werden darf, muss von einem aufgeklärten Konsumenten vorausgesetzt werden[33]. Außerdem kann selbst bei einer derartigen Anpreisung nie absolute Sicherheit bei einem Freiluftsport wie Skifahren angenommen werden. Wer das tut, lässt gebotene Sorgfalt und Aufmerksamkeit vermissen.

Die Pistensicherungspflicht geht nicht so weit, „den Pistenskifahrer vor jeder möglichen Gefahr zu schützen, die ihm von der Piste her droht.“[34] Es gilt also die Waage zu halten zwischen dem Vertrauen, das zu Recht beim Skifahrer besteht, dass sich die Gefahr im zu erwartenden Rahmen hält, und der Verpflichtung des Pistenhalters, dieses Vertrauen in die Piste durch Absicherung atypischer Gefahrenmomente zu erfüllen. Wie die Ausformung dieser Pflicht im Detail aussieht, soll der folgende Teil durch eingehende Beschäftigung mit der Kasuistik dieser Thematik darlegen.

Was ist eine Piste?

Die Haftung des Pistenbetreibers für Verletzungen der Pistensicherungspflicht muss eine räumliche Begrenzung erfahren, kann doch nicht die Haftung für alles zugängliche Terrain, das ganze Bergzüge umfassen kann, übernommen werden. Gesetzlich ist zum Pistenbegriff

---

[32] z.B. OGH vom 18.2.1981, 6 Ob 530/81, ZVR 1982, Nr. 268 = EvBl 1981, Nr. 169 = JBl 1981, S. 481 u.A..

[33] mit Verweis auf „marktschreierische Werbebehauptungen“, Dittrich e.a., 15 Jahre Seilbahnsymposium, ZVR 1996, S. 194.

[34] OLG Innsbruck vom 7.8.1992, 4 R 144/92, Greiter, S. 67.

keine Regelung zu finden, also hat sich in der Lehre[35] schon früh folgende Definition entwickelt:
„Eine Skipiste ist eine allgemein zugängliche, von jedermann unter den gleichen Bedingungen zum Skifahren benutzbare Grundfläche im Bergland, die im Abfahrtsbereich einer Bergverkehrseinrichtung oder einer Bergstraße liegt, mit Hilfe eines Bergverkehrsmittels leicht erreicht werden kann und bei geeigneten Schneeverhältnissen regelmäßig von zahlreichen Personen als Massenskiabfahrt mit bestimmter Hauptabfahrtsrichtung benützt wird."
Die juristische Treffsicherheit dieser Definition zeigt sich darin, dass sie vom OGH wortwörtlich übernommen wurde[36]. Wie man sieht, ist eine Widmung (i.S. einer Markierung) als Skipiste durch den Pistenbetreiber nicht unbedingt notwendig; dazu im Folgenden mehr.
Wie schon erwähnt, besteht zwar die ÖNORM S 4611 Teil 1, die eine Pistendefinition enthält, diese ist aber für haftungsrechtliche Fragen ungeeignet.[37] Sie bezeichnet eine Piste als eine allgemein zugängliche, zur Abfahrt mit Ski vorgesehene und geeignete Strecke, die markiert, die kontrolliert und vor atypischen Gefahren, insbesondere Lawinengefahren, gesichert und präpariert ist.
Wie man sieht, ist diese als juristische Definition nicht haltbar, würde ja demnach das Unterlassen jeglicher Absicherung vor atypischen Gefahren (wie ja eben gefordert) auch die Subsummierung unter den Begriff Piste ausschließen.

Erweiterungen der Piste durch „Ausfahren"?

Hat sich durch die Benützung mehrerer Skifahrer eine Verbreiterung der Abfahrt über den ursprünglichen Pistenrand hinaus gebildet, die nun ebenfalls benützt werden kann und durch mangelnde Kennzeichnung

[35] Pichler, Pisten-Paragraphen, Skiunfälle, S. 23.

[36] OGH 14.4.1983, 7 Ob 580/83.

[37] Pichler - Holzer, 26.

des Pistenrandes bzw. durch ihre Beschaffenheit nicht von der eigentlichen Piste unterschieden werden kann[38], so trifft den Pistenhalter auch auf dieser die Pistensicherungspflicht[39], wenn es ihm nach der gebotenen Sorgfalt auffallen hätte müssen. Keine Sicherung muss vorgenommen werden, wenn er dafür Sorge trägt, dass dieser „neue" Teil der Piste erkennbar gemacht wird und/oder nicht befahren werden kann. Das ist schon allein deshalb richtig, weil der Skifahrer im Rahmen des Pistenvertrauens davon ausgeht und ausgehen darf, dass er sich auf gesichertem Gelände befindet und keine atypischen Gefahren erwartet. Ist jedoch der durch das Ausrutschen neu entstandene Teil der Piste als solcher klar erkennbar, kann dort mangels berechtigten Vertrauens mit Pistensicherung nicht gerechnet werden.

Eine sog. „wilde Abfahrt" ist ein von Skifahrern „eröffneter" Weg, der oft als Abkürzung dient. Dem Pistenbetreiber, der gar nicht gewillt war, diesen Geländestreifen für den freien Verkehr zu widmen, kann nicht zugemutet werden, für diesen trotzdem Haftung zu übernehmen.

Dass es sich um eine solcherart entstandene Abfahrt handelt, muss deutlich erkennbar sein. Das wird aber zumeist der Fall sein, weil sie selten eine Präparierungsbreite erreicht, geschweige denn regelmäßig wie eine reguläre Piste ist.

Ein Anknüpfungspunkt für seine Haftung kann jedoch sein, dass er ja erkennt, dass für den Skifahrer der neu ausgefahrene Teil der Piste wie eine „normale" Abfahrt scheint, dieser also auf das Vorhandensein von Pistensicherung vertraut. Dieses Erwecken falschen Vertrauens hat der Pistenbetreiber zu unterbinden, in dem er in solchen Bereichen den Pistenverlauf genauer kennzeichnet, oder das Befahren des „neuen" Teils durch Absperrungen verhindert.

---

[38] OGH, 19.4.1977, 3 Ob 643, RZ 1977, Nr. 112 = SZ 50 Nr. 54.
[39] OGH 1.9.1983, ZVR 1985/101.

Markierung der Piste

Wie hat die Markierung auszusehen?

In manchen Fällen kann eine Pistenmarkierung aufgrund der äußeren Umstände überflüssig sein, wenn z.B. die Piste entlang einer Felswand verläuft, oder links und rechts vom Wald begrenzt ist, was öfter der Fall ist. Oft erübrigt sich auch eine Markierung deshalb, weil sich durch die Präparierung der Piste durch schweres Gerät eine Art Kante oder eine zumindest deutlich wahrnehmbare Abgrenzung zum Pistenrand durch die erkennbar unterschiedliche Beschaffenheit des Schnees ergibt.

Ist das nicht der Fall, und verläuft die Piste im offenen Gelände, sollte der Rand der Piste mit einfachen Markierungsstangen oder, wie es weit verbreitet ist, mit zweifärbigen Pistenkugeln in regelmäßigen Abstand (mit Rücksichtnahme auf schlechtes Wetter alle 25-50 Meter) markiert werden, die eine Wahrnehmung des Pistenverlaufs auch bei schlechtesten Wetterbedingungen möglich machen.

Kommt – besonders bei Schlechtwetter – ein Skifahrer vom gesicherten Gelände ab oder verliert im hochalpinen Gelände die Orientierung, besteht für ihn Lebensgefahr, was mit Markierungen verhindert werden soll.

Anlage der Piste

Eine abgesicherte Piste beginnt mit einer sicheren Anlage derselben. Darunter ist zu verstehen, dass die Einbettung des künstlichen Verkehrsweges in die Landschaft gewissen Sicherungsanforderungen standhalten muss. Der Verlauf der Piste muss so gewählt werden, dass Steinschlag und insbesondere Lawinen keine Gefahr für die Pistenanlage darstellen. Sollte das doch der Fall sein, müssen Vorkehrungen getroffen werden, die diese Gefahrenquellen entschärfen wie etwa Fangzäune oder Bannwälder. Immer sind solche Vorrichtungen jedoch nicht möglich, sei es aus technischen oder wirtschaftlichen Gründen. In diesen Fällen hat der Pistenhalter dafür zu sorgen, dass auf andere Weise keine Gefährdung auf den Pisten für den darauf stattfindenden Verkehr

besteht, sie also bei kritischen Verhältnissen - zu denken ist etwa an akute Lawinen- od. Steinschlaggefahr - für den Verkehr zu sperren und stillzulegen, während die Gefahr besteht.
Oft kann es in Skigebieten, nicht nur in hochalpinen Gebieten gelegenen, aufgrund massiver Schneefälle wie in den vergangenen Wintern zu höchster Lawinengefahr in Hängen kommen, die sogar unmittelbar an die regulären Pisten heranreichen. Der Skigast ist auf diese Gefahr durch Beschilderung und Absperrungen deutlich aufmerksam zu machen, weil der Liftbetreiber ihn ja in die unmittelbare Nähe derselben befördert. Befolgt ein Skigast diese Anordnungen nicht, haftet er für seinen erlittenen Schaden natürlich selbst.
Eine Totalsperre eines Skigebiets aufgrund von unabwendbarer Lawinengefahr scheint zu weitreichend, da der Schutz der Skifahrer anders gewährleistet werden kann.
Die Lawinengefahr z.B. kann mit gezielten Sprengungen gebannt werden, indem der die Piste bedrohende Hang von den Schneemassen mit einer kontrolliert ausgelösten Lawine befreit wird. Dennoch: gerade die letzten Jahre haben in Österreich gezeigt, dass ein allumfassender Schutz vor Lawinen leider nicht möglich ist. Unkonstante Faktoren wie Neuschneemenge oder sog. Windverfrachtungen machen eine sichere Vorhersage von Lawinenrisiken beinahe unmöglich. Ein derart unglücklich gelagerter Unfall, dass ein Skifahrer auf einer für den Verkehr geöffneten Piste von einer Lawine erfasst wird, kann dem Pistenhalter nur in dem Fall vorgeworfen werden, wenn er Warnungen oder Empfehlungen der örtlich eingesetzten Lawinenkommission nicht befolgt.
Steinschlag ist nicht vom Wetter beeinflusst. Daher sind Pistenabschnitte, die von derartigen Naturvorkommnissen bedroht sind, für den öffentlichen Verkehr zu sperren. Im Sommer können möglicherweise Maßnahmen ergriffen werden, die die Gefahr des Steinschlags bannen, im Winter werden derartige Sicherungsmaßnahmen nur schwer durchführbar sein.

Bei der Anlage der Piste ist auch zu beachten, dass eine erforderliche Fahrbahnbreite besteht[40]. Eine mathematische Formel soll ausdrücken, wie breit die Piste zu sein hat, um den Anforderungen des Verkehrsaufkommens gerecht zu werden. Das zu erwartende Verkehrsaufkommen wird mit der stündlichen Förderkapazität der Liftanlagen festgestellt.

Die Breite der Pisten ist vor allem in stark bewaldeten Gebieten nicht unbedingt an solche Formeln gebunden, da das Interesse an Naturschutz und der Erhaltung einer ansehnlichen Landschaft wohl höher ist als ein staufreier Skiverkehrsfluss. Breite Pisten mit Autobahncharakter sind ohnehin nicht als Allheilmittel zu sehen[41], da die scheinbare Grenzenlosigkeit viele zu allzu schnellem Fahrstil verleitet.

Ich kann mir jedoch nicht vorstellen, dass es für den Pistenhalter zu einem haftungsauslösenden Vorwurf gemacht werden kann, dass er seine Pisten nicht der Förderkapazität seiner Liftanlagen angepasst hat. Sollte aufgrund eines Missverhältnisses zwischen Förderkapazität und angebotener Pistenbreite tatsächlich die Piste überfüllt sein, so schadet das dem Pistenerhalter schon allein deswegen, weil solche Faktoren die Entscheidung der Urlaubsgäste, noch einmal zu kommen, wohl negativ beeinflussen wird. Geschieht auf so dicht befahrenen Abfahrten ein Kollisionsunfall, ist dieser in den meisten Fällen den Skifahrern selbst anzulasten, da diese ihre Fahrweise und Aufmerksamkeit den äußeren Umständen den FIS-Regeln zufolge entsprechend anzupassen haben.

So überfüllte Pisten, dass nicht einmal mehr Sturzraum für einen langsam – also dem hohen Verkehrsaufkommen Rechnung tragenden – fahrenden Skiläufer bestünde, sind mir persönlich noch nicht untergekommen.

Anders verhält es sich mit Gletscherskigebieten, bei denen im Falle eines plötzlichen Wetterumschwungs, der sich im hochalpinen Gelände innerhalb kürzester Zeit vollziehen kann, ein Evakuieren des Skigebiets

---

[40] vgl. Pichler – Holzer, 36f
[41] Pichler, ZVR 1984, 29

notwendig werden kann, besonders wenn man an die Abgeschlossenheit von manchen Gletschern denkt (z.B. das Kitzsteinhorn). Denkbar ist auch ein Brand im Gletschergebiet, dessen giftige Gase eine Bedrohung darstellen. Können sich die am Gletscher befindlichen Skifahrer vor dem Unwetter nicht in kürzester Zeit in Sicherheit bringen, weil die Transportmittel zu Tale nicht schnell genug die Massen befördern können, kann das durchaus eine die Haftung auslösende Diskrepanz zwischen Förderkapazität und Sicherheitsanforderungen sein.

Präparierung der Piste

Viele Skiorte haben sich durch ihre besonders sorgfältige und gute Pistenpräparierung einen Namen gemacht, und der Zustand der Pisten ist für viele Skitouristen ein entscheidendes Auswahlkriterium für den Skiort ihrer Wahl geworden. Bequemlichkeit und Fahrkomfort zeichnet die gut präparierten Pisten für den Benutzer primär erkennbar aus.

Darüber hinaus verschafft eine gut gewalzte Piste mit optimal komprimierter Schneedecke einen nicht zu unterschätzenden Sicherheitsvorteil, da durch die geringeren Unebenheiten und die regelmäßige Schneebeschaffenheit das Fahrverhalten des Skis ruhiger wird und somit das Sportgerät leichter und besser beherrschbar.

Aus diesem Sicherheitsvorteil entspringt jedoch noch kein Recht auf gut präparierte Pisten. Erkennt der Skifahrer, dass sich der Belag nicht in optimalem Zustand befindet, muss er getreu den FIS-Regeln seine Fahrweise den Gegebenheiten anpassen[42].

Auch ein Wechseln des Pistenzustandes kann nicht zur Last gelegt werden, da auch ein solcher bei angemessen gewählter Geschwindigkeit jedenfalls früh genug erkennbar ist, um seine Geschwindigkeit den neuen Gegebenheiten auf der Piste anzupassen. Mit Unregelmäßigkeiten (z.B. vereisten Teilstücken) hat ein Freiluftsportler ohnedies immer zu rechnen, egal welche Sportart er betreibt.

---

[42] z.B.: OLG Innsbruck vom 8.10.1984, 6 R 230/84, ZVR 1985, Nr. 87, Greiter, S. 48.

In manchen Fällen ist aufgrund der Steilheit des Hanges gar keine Präparierung möglich, da Pistenraupen Gefälle ab einer gewissen Schräglage nicht mehr walzen können. Hier kann die fehlende Präparierung dem Pistenhalter schon mangels der Zumutbarkeit nicht zum Vorwurf gemacht werden. Technisch wäre ein Walzen fast immer möglich, aber mit einem Aufwand verbunden (Verwendung von Seilwinden und Seilzügen), der oft nicht in Relation zum Verkehrsaufkommen auf so steilen Hängen steht, die als Schwarze Pisten auszuzeichnen sind. Auch sog. „Schwungbuckel", die durch häufiges Abschwingen auftreten, müssen nicht beseitigt werden, egal ob der Schwierigkeitsgrad der Piste aussagt, dass es sich um eine sehr schwere, also Schwarze Piste handelt[43], oder nicht.

In vielen Skigebieten gibt es absichtlich unpräparierte Abschnitte wie z.B. Buckelpisten oder Tiefschneehänge, die vom Lift aus leicht zugänglich sind oder neben der gesicherten Piste verlaufen, aber an denen vom Pistenhalter keine Pistenpräparierung bzw. –sicherung vorgenommen wird, um den Skigästen den Reiz des Fahrens in „unberührter" Natur zu bieten. Dass ein ungeübter Skifahrer auf solchen Hängen nichts verloren hat und sein Sturzrisiko um ein Vielfaches steigt, kann im Falle eines Sturzes dem Pistenhalter nicht zur Last gelegt werden.

Kommt jemand in solche Abschnitte, muss er sein Können richtig einschätzen und gegebenenfalls diese Pisten schnellstmöglich wieder verlassen. Der Pistenhalter seinerseits muss auf solche Umstände wie Buckelpisten u.Ä. mit Beschilderung hinweisen.

Natürliche Gefahrenquellen

Natürliche Gefahrenquellen sind Hindernisse auf den Pisten, die ohne Einwirkung des Menschen bzw. des Pistenhalters entstehen. Sie zu erkennen und u.U. abzusichern, fällt dennoch in den Pflichtbereich des Pistenhalters.

---

[43] OLG Innsbruck vom 8.10.1984, 6 R 230/84, ZVR 1985, Nr. 87, Greiter, S. 48.

Einzelne Bäume oder Baumgruppen mitten in der Piste sind keine Seltenheit, da viele Pisten inmitten von Wäldern verlaufen. Aufgrund der zumeist gegebenen Sichtbarkeit ist eine Absicherung der Bäume, seien sie mitten in der Piste oder am Pistenrand, zu aufwändig. Steht ein einzelner Baum an einem neuralgischen Punkt auf der Piste, ist seine Absicherung jedoch nicht sonderlich aufwändig und ein Abpolstern des Stammes bis zu einer Höhe von zwei Metern kann den Aufprall eines Skifahrers deutlich sicherer machen. Aufgrund dieser vorzunehmenden Interessenabwägung wäre eine Ummantelung mit einer Matte von etwa 10 cm Stärke daher vom Pistenhalter anzubringen.

Die Schneedecke, auf der das Skifahren betrieben wird, ist leider nicht immer makellos. Schlechte Winter, Ausrutschen durch die Skifahrer selbst, eine ungünstige, der Sonne ausgesetzte Lage und unzählige andere Gründe führen oft zu Löchern in der Schneedecke, sog. aperen Stellen. Die Gefahr solcher Stellen, ist nicht nur, dass die Ski in Mitleidenschaft gezogen werden, wenn über Steine gefahren wird, sondern auch, dass es u.a. zu einer abrupten Verzögerung kommt, die zum Sturz führen kann.

Ist im Frühjahr die gesamte Schneedecke mangelhaft und die Anzahl der aperen Stellen unzählig, wäre es überzogen, die Absicherung jeder einzelnen zu fordern. Befindet sich die apere Stelle mitten auf der Piste und ist ihre Ausdehnung von oben kommend gut sichtbar, ist eine Kennzeichnung nicht notwendig. In einem solchen Fall kann der Skifahrer rechtzeitig reagieren und muss seine Fahrweise an die Gefahrensituation anpassen. Befindet sich das Loch in der Schneedecke hinter einer Kante und ist aus dem Rest der Schneelage nicht ersichtlich, dass sich die Gefahr einer kahlen Stelle jederzeit verwirklichen kann, so ist diese abzusichern oder als wirkungsvollere Maßnahme ein Warnschild aufzustellen[44], denn eine Absicherung hinter einer Kante kann die gleiche Gefahr bedeuten wie eine apere Stelle, wenn sie von oben kommend

---

[44] OGH vom 19.4.1977, RZ 1977, Nr. 112 = SZ 50, Nr. 54, Greiter, S. 39.

nicht erkannt werden kann. In Zeiten der künstlichen Beschneiung gäbe es u.U. sogar die Möglichkeit, die kahle Stelle auf diese Weise ganz zu entfernen, was aber sicher nicht verpflichtend ist, auch wenn die Möglichkeit besteht.
Der Schnee wird durch häufiges Befahren komprimiert. Der dadurch entstehende Druck erzeugt Wärme, die zum Schmelzen des Schnees führt, genau wie die Reibung beim Abschwingen. Skifahren basiert ja darauf, dass durch die Reibung der Lauffläche des Skis der Schnee geschmolzen wird und man auf einer hauchdünnen Wasserschicht dahingleitet. Wenn die Temperaturen entsprechend kalt sind, gefriert dieses geschmolzene Wasser sofort wieder und kann im Falle von großem Verkehrsaufkommen zur Bildung von eisigen Stellen oder sogar ganzen Eisplatten und vereisten Hängen führen. Eine andere Möglichkeit der Eisbildung besteht in Bereichen, wo von außen Wasser, z.B. durch ein Rinnsal, in die Schneedecke kommt, oder Regenwasser nicht ausreichend abfließt und so Eis bildet.
Dieser natürlich vorkommende Prozess bedeutet für den Skifahrer, dass der Untergrund weniger griffig ist als der sonst an sich poröse Schneebelag. Besonders der Kantengriff kann von einem durchschnittlichen Skifahrer viel schwerer oder gar nicht aufgebaut werden, seine Fahrt wird unkontrolliert, bzw. ein Bremsen auf solchem Untergrund beinahe unmöglich. Für geübtere Skifahrer bilden Eisplatten keine so geartete Gefahr, da durch den höheren und gezielteren Kantendruck genug „Grip" aufgebaut wird, sodass die Fahrt kontrolliert bleibt.
Darüber hinaus sind Eisplatten gefährlich, weil sie keine Dämpfungswirkung wie etwa der Pulverschnee haben, sondern der Stürzende auf unnachgiebigen Untergrund prallt und die Verletzungsgefahr somit dramatisch erhöht ist.
Das „Wegpräparieren" von Eisplatten ist kaum möglich oder mit einem Aufwand verbunden, der im Massensport nicht vertretbar ist. Leider treten eisige Stellen meist an Punkten der Skipiste auf, die viel frequentiert sind, da hier die oben erklärten Umstände der Komprimierung usw.

besonders auftreten. Deshalb kann als Schutzmaßnahme höchstens (nicht aber notwendigerweise) eine Hinweistafel angebracht werden, die dem Fahrer deutlich macht, dass der kommende Pistenabschnitt aufgrund von Eis vorsichtiger zu befahren ist. Handelt es sich jedoch um Schwarze Pisten kann eine solche Warnung unterbleiben, da solche Pisten, eigentlich für sehr gute Skifahrer gedacht sind und besonders auf diesen Strecken mit besonderen Schwierigkeiten gerechnet werden muss.

Auf den Pisten im Allgemeinen hat ohnedies jeder mit besonderen Schwierigkeiten wie ungünstigen Schneeverhältnissen, Buckel durch häufiges Abschwingen und auch einzelnen vereisten Stellen und Eisplatten auf markierten Abfahrten zu rechnen[45]. Das sind also Unregelmäßigkeiten, die im Freiluftsport mit einkalkuliert werden müssen.

Gehen die Gefahren auf den Pisten jedoch so weit, dass sie nicht einmal bei deren Kenntnis vom Skifahrer beherrscht werden können, so muss als ultima ratio die Piste gesperrt werden[46], und zwar so, dass die Sperre für den Skifahrer deutlich und warnend wirkt. Ein einfaches Schild „Piste gesperrt" reicht oft nicht aus, um Skifahrer von der Abfahrt auf derselben abzuhalten, vielmehr sollte ein Seil vor der Einfahrt der Piste gespannt werden.

Durch auf den Pisten im Sommer verlaufende Bäche z.B. können sich auf der Piste Mulden bilden, deren Beschaffenheit zur Gefahr für Skifahrer werden kann[47], die nicht immer abgesichert werden muss. Der Pistenhalter versucht solche Unregelmäßigkeiten auszugleichen und füllt sie zu diesem Zweck mit Tannenzweige und walzt darüber Schnee. Die Mulde im gegenständlichen Verfahren verlief quer zur ca. 30 Meter

---

[45] OLG Innsbruck vom 8.10.1984, 6 R 230/84, ZVR 1985, Nr. 87, Greiter, S. 48.
[46] OLG Innsbruck vom 7.8.1992, 4 R 144/92, Greiter, S. 67; Dittrich-Reindl, ZVR 1982, S. 322.
[47] OGH vom 24.5.1977, RZ 1978, Nr. 44 = SZ 50, Nr. 73 = ZVR 1978, Nr. 88, Greiter, S. 41.

breiten Piste. Aufgrund der dünnen Schneedecke zum Zeitpunkt des Unfalls traten Bodenunebenheiten jedoch besonders hervor.
Die Mulde war schon auf weite Entfernung sichtbar, vom Pistenhalter jedoch nicht als gefährliche Stelle markiert. Die Mulde war immerhin gute zwei Meter tief und die beiden Hänge der Mulden hatten eine Neigung von etwa 30 Grad. Sie konnte auch ohne Gefahr durchfahren werden, wurde nur eine geringe Geschwindigkeit eingehalten.
Aufgrund der Offensichtlichkeit der Mulde wurde der Anspruch des verletzten Skifahrers verneint, da ein Reagieren auf die Geländebeschaffenheit durch Anpassen von Geschwindigkeit und Fahrweise dem Pistenbenützer zumutbarer ist als ein Überspannen der Pistensicherungspflicht. Es handelt sich bei einer solchen Mulde um eine dem Skisport entsprechend typische und natürliche Gefahrenquelle, mit der ein Skifahrer rechnen muss und aufgrund der deutlichen Erkennbarkeit auch entsprechend darauf reagieren kann. Soweit kann ein Ende der Pistensicherungspflicht angenommen werden. Wäre die Erkennbarkeit der Mulde in diesem Fall nicht vorgelegen, hätte der Pistenhalter Markierung oder Absicherung sehr wohl vorzunehmen gehabt.
Ein vom Wind ausgeblasenes Loch mitten auf der Piste stellt eine abzusichernde oder zu kennzeichnende Gefahr da[48]. Das Loch verlief quer zur Piste und hatte eine Größe von 2x1 Meter. Rund um das Loch herum war die Piste präpariert und das Loch erst erkennbar, wenn man sich unmittelbar davor befand. Dass rund um das Loch herum präpariert wurde, zeigt, dass der Pistenhalter die Gefahrenstelle wahrgenommen hat oder zumindest bei gehöriger Aufmerksamkeit erkennen hätte müssen.
Der Skifahrer ist in diesem Fall in das Loch gefahren und mit den Skispitzen in den Gegenhang des Loches eingestochen, woraus sich ein Sturz mit Verletzungsfolgen ergab.[49]

---

[48] OLG Innsbruck vom 28.4.1981, 2 R 107/81, Greiter, S. 44.
[49] Anm.: Der Bruch des Unterschenkels in diesem Fall würde auch auf eine falsch eingestellte Bindung hinweisen, da die Skisicherheitsbindung gerade solche Verlet-

Bei Unfällen dieser Art (Mulde, Loch) zeigt sich ein Problem das beim Wintersport besteht. Die Gleichmäßigkeit der Farbe der Schneedecke verhindert aus optischen Gründen die Wahrnehmung von solchen Hindernissen. Würde sich im „normalen" Gelände die Gegenwand solcher Unregelmäßigkeiten farblich (anderer Bewuchs oder Schatten) absetzen, ist das bei der weißen und reflektierenden Schneedecke oft nicht der Fall. Je nach Blickwinkel kann das Loch deutlich oder auch gar nicht zu erkennen sein. Auf solche Besonderheiten der Schneedecke muss der Pistenhalter Rücksicht nehmen.
Eine weitere Gefahr ergibt sich aus Geländeabbrüchen in unmittelbarer Pistennähe bzw. am Pistenrand[50]. Das Skifahren findet bekanntermaßen zum Großteil im alpinen Gelände statt, wo sich bei der Formation der Alpen nicht regelmäßige Flächen gebildet haben, sondern vielmehr die den Reiz dieser Landschaft ausmachenden Ecken und Kanten. Im Winter bildet sich durch die Schneedecke ein beinahe gleichmäßiges „Geläuf", wo kleinere Bodenwellen, Büsche, Steine, etc. meist zugeschüttet und nivelliert werden. Geländeabbrüche sind hingegen derart nicht als Gefahrenquelle zu eliminieren. Dass solche Unregelmäßigkeiten auf der Piste vorkommen können, ist klar, und nicht jeder Abbruch kann durch Sprengungen oder andere bauliche Maßnahmen beseitigt werden. Bei Abbrüchen, die nur einen oder zwei Meter betragen, kann im Sommer baulich oder im Winter mit Schneeaufschüttung gearbeitet werden. Abbrüche, bei denen der Niveauverlust 10 Meter und mehr beträgt und wo ein Absturz nicht nur Verletzungen nach sich ziehen kann, müssen, wenn die Piste näher an solche Stellen heranführt, eine Beschilderung aufweisen, die darauf hinweist, dass man sich einer so gearteten Gefahrenstelle nähert.

---

zungen verhindern soll. Zum Zeitpunkt des gegenständlichen Unfalls Ende der 70er Jahre jedoch war die Schutzwirkung der Skibindung noch nicht so ausgereift wie heutzutage.

[50] Zur Problematik Pistenrand siehe weiter unten.

Aufgrund der Sturzdynamik oder von Fahrfehlern (Verkanten, etc.), kann dem Skifahrer jedoch unter Umständen ein dementsprechendes Reagieren auf die Beschilderung nicht möglich sein. Deshalb sind Geländeabbrüche von höheren Niveauunterschieden in Pistennähe jedenfalls mit Fangzäunen abzusichern, die einen Skifahrer vor dem Absturz aufhalten. Primär wurde davon ausgegangen, dass nur Absperrungen vorzunehmen sind, wenn ein Abkommen von der Piste aufgrund des Geländeverlaufs (Steilhang, scharfe Richtungsänderung, Vereisung verbunden mit starker Querneigung, etc.) auch für einen vorsichtigen Skiläufer nicht unter allen Umständen vermeidbar sei und dass auf Skiwegen wegen ihres geringen Gefälles, der daraus resultierenden niedrigen Geschwindigkeit und der kaum vorhandenen skifahrerischen Schwierigkeit, von Fangzäunen abgesehen werden kann[51]. Die Absperrungspflicht wurde nunmehr auch auf Skiwege ausgedehnt, die zwar flach verlaufen und keine skifahrerischen Probleme bereiten, da jederzeit die Gefahr eines Sturzes besteht, und bei besonderer gravierender Gefahr für den Skifahrer jenseits des Pistenrandes durch geeignete Auffangvorrichtungen ein Abstürzen verhindert werden muss[52].

Die Fangzäune müssen so beschaffen sein, dass sie den Skifahrer auf alle Fälle aufzuhalten vermögen. Je größer die dahinter befindliche Gefahr, umso mehr muss sichergestellt sein, dass ein Durchschlagen der Absicherung nicht möglich ist.[53]

Wann eine Abrisskante als pistennah zu bezeichnen ist, kann fallweise variieren. Dabei muss auf das Gefälle der Piste, die Lage in Relation zur Falllinie und auf die Fahrtrichtung der Piste Rücksicht genommen werden, um so ein mögliches Sturzszenario vorherzusagen und die Gefährlichkeit und notwendigen Absicherungsmaßnahmen[54] des Geländeabbruches einzuschätzen.

---

[51] Dittrich e.a., 15 Jahre Seilbahnsymposium, ZVR 1996, S. 194.
[52] Reindl, Neues zum Pistenrand, ZVR 2000, 404.
[53] Mehr zu Beschaffenheit von Fangzäunen im nächsten Abschnitt.
[54] Zur Beschaffenheit der Absicherungsmaßnahmen im nächsten Punkt.

Der deutsche BGH hat für abzusichernde Hindernisse auf der Piste den Begriff „atypische Gefahren" erstmals im sog. „Zugspitzplatturteil" geprägt[55].

Es zeigt sich, dass sich die Gefahren auf der Piste im Laufe des Tages verändern können. Da dies bekannt ist, werden die Pisten in Skigebieten regelmäßig (zumindest täglich) auf ihren Zustand (Schneepräparierung, Sicherungseinrichtungen, etc.) kontrolliert. Fällt dem Überprüfenden ein Sicherheitsmangel nicht auf, so kann ihm das zur Last gelegt werden, auch wenn die Anzahl der möglichen Sicherheitsmängel unendlich scheint (z.B. eine vom Sturm umgewehte Absperrung).

Künstlich geschaffene Hindernisse oder Gefahrenquellen

Im Unterschied zu den natürlichen Gefahrenquellen sind die künstlichen vom Menschen geschaffene, bei denen die Absicherungspflicht schon deshalb nahe liegt. Denn wer eine Gefahr schafft, hat nach allgemeinen Verkehrssicherungsgrundsätzen dafür Sorge zu tragen, dass sich diese Gefährdung nicht verwirklicht. Die Gefahrenquellen sind vielfältig, deshalb wähle ich eine Aufzählung der Beispielhaftesten.

Bei der Pistenpräparierung durch Radracs kann es zu einer Knollenbildung kommen, was sicher schon jeder Skifahrer auch schon einmal erlebt hat. Ein Radrac eines Hüttenwirts hat beim Befahren eines Ziehweges mäßig verfestigte Knollen in der Größe von 5-10 cm hinterlassen, da er keine Vorrichtung zur Beseitigung der Knollen montiert hatte[56]. Eine Frau war auf diesem unruhigen Untergrund zu Sturz gekommen und ist dabei in einen neben dem Ziehweg befindlichen Steilhang abgestürzt.

Das OLG sieht in Knollen dieser Art eine zwar künstlich geschaffene Gefahrenquelle, lehnt eine Verpflichtung zur Beseitigung durch Nachpräparieren aber mit der Begründung ab, dass mit solcherart Unregel-

---

[55] BGH, NJW 1985, 620.
[56] OLG Innsbruck vom 22.11.1996, 4 R 247/96x, Greiter, S. 120.

mäßigkeiten auf Pisten gerechnet werden muss, genauso wie mit ungünstigen Schneeverhältnissen oder mit Eisplatten. Außerdem seien solche Knollen für den Skifahrer bei einer seinem Können angemessener Fahrweise durchaus zu meistern. Eine Haftung wurde in diesem Fall auch deswegen abgelehnt, weil an diesem Tag äußerst diffuse Lichtverhältnisse herrschten.

Ein Paradebeispiel für eine künstliche Gefahrenquelle ist die Liftstütze. Unerlässlich für den Transport der Skifahrer sind die Beförderungseinrichtungen, die zwar ob ihrer Ausmaße meist weithin sichtbar sind, trotzdem immer wieder eine Rolle bei Skiunfällen spielen. Hier zeigt sich, dass die künstliche Gefahr nicht unbedingt überraschend, geländebedingt schwer vermeidbar oder unabsehbar sein muss, um abgesichert werden zu müssen. Oft verlaufen die Pisten unmittelbar neben den Liften, wie das bei Schleppliften der Fall ist, oder die Sesselliftstützen stehen mitten in der Piste.

Die Stützen bergen aufgrund ihrer Beschaffenheit eine Gefahr für die Skifahrer, die abzusichern ist. Da die Absicherung einer Liftstütze nicht mit unzumutbarem Aufwand zu bewerkstelligen ist, müssen Liftstützen auf oder im Nahebereich (bis etwa 2 Meter) der Piste gesichert werden, auch wenn das Gelände dort flach verläuft, hingegen eine Absicherung einer Liftstütze 5 Meter außerhalb einer recht flachen Piste würde die Pistensicherungspflicht überspannen[57].

Die heutzutage mehr und mehr notwendig gewordene und eingesetzte mechanische Beschneiung bringt nicht nur weiße Pisten und eine gewisse klimatische Unabhängigkeit, sondern auch neue zu sichernde Anlagen. Da Schneekanonen mit Strom und Wasser versorgt werden müssen, sind entsprechende technische Apparaturen notwendig, die meist entlang des Pistenrandes aufgestellt werden, um mobile Schneekanonen, oft auf Radracs montiert, je nach Bedarf einsetzen zu können.

---

[57] OGH vom 18.2.1981, 6 Ob 530/81, ZVR 1982, Nr. 268 = EvBl 1981, Nr. 169 = JBl 1981, S. 481.

Die Auslässe für Strom und Wasser werden Elektrant genannt und sind Metallkästen von meist weniger als ein Meter Höhe und einen halben Meter Breite.

Wegen der besseren Zugänglichkeit sind sie meist unmittelbar neben der Piste angebracht, wobei es keinen Unterschied macht, ob direkt neben der Piste oder zwei Meter daneben, da der Bereich der Pistensicherung über die tatsächliche Piste hinausgeht, wie später noch genauer darzulegen ist.

Die Rechtsprechung[58] sieht in diesen Vorrichtungen künstliche Hindernisse, deren Absicherung notwendig und zumutbar ist, da Schaumstoffmatten einen wirksamen Schutz vor Verletzungen bieten und solcher Aufwand wirtschaftlich verhältnismäßig ist.

Aus der Entscheidung des OGH über einen eingewalzten Weidezaun[59] ergibt sich ein wichtiger Schluss. Gegenstand des Verfahrens war ein Sturz aufgrund eines Drahtseiles eines Weidezauns, der offenbar umgefallen und eingeschneit war. Der Draht ragte nur wenig aus der Schneedecke hervor und auch der restliche Weidezaun war aufgrund des Schnees nicht oder zumindest nur sehr schwer wahrnehmbar. Der OGH stellt fest, dass eine solche Gefahrenquelle auf der Piste zu beseitigen ist, da das unerwartete Auftreten für den Fahrer nicht vorhersehbar und ein Unfall somit kaum abwendbar wird. Daraus folgt jedoch, dass der Pistenerhalter die Strecke des späteren Pistenverlaufs schon im Spätherbst einer gründlichen Überprüfung zu unterziehen hat und die Gefahrenquellen bereits vor dem ersten Schneefall zu beseitigen hat. Dass zum Zeitpunkt des Unfalls die Gefahr auch für den Pistenhalter selbst nicht wahrnehmbar war, vermag nicht ihn von seiner Haftung zu befreien. Der Anknüpfungszeitpunkt für die Fahrlässigkeit liegt hier bereits einige Monate zuvor.

---

[58] OLG Innsbruck vom 29.6.1994, 3 R 69/94, Greiter, S. 248.
[59] OGH vom 14.4.1983, 7 Ob 580/83, Greiter, S. 90.

Eingeschneite Gegenstände beschäftigen die Judikatur immer wieder: Ein 10 cm aus der Schneedecke ragendes Eisenstück wurde ebenfalls als eine zu beseitigende Gefahr angesehen[60]. Auch hier ragte ein kaum wahrnehmbarer Teil aus dem Schnee heraus, der für den Skifahrer bei seiner Abfahrt nicht erkennbar war, und er bei der Kollision zu Sturz kam.
Da auch der Pistenhalter das Eisenstück im Winter offenbar nicht bemerkt hat, hätte dessen Beseitigung schon im Herbst stattfinden sollen.
Der Vorteil der Schneedecke, den darunter liegenden Hang zu nivellieren und Unregelmäßigkeiten auszubügeln, kann in solchen Fällen zu schwer abschätzbaren Gefahrenmomenten führen, denen meist erst dann begegnet wird, wenn es zu spät ist. Deshalb ist eine Vorsorge vor der Ski- und Schneesaison notwendig.
Auch die bereits oben dargestellten Markierungen der Piste können eine solche Gefahrenquelle bilden. Sie sind zur Orientierung des Skifahrers gedacht, dienen somit seinem Schutz und dürfen nicht zur Gefahr für ihn werden. Daher soll ein Markierungspfeiler gewisse Eigenschaften besitzen (Dicke, Material, Form, Lokalität, etc.).
Wie wichtig die Beschaffenheit solcher Einrichtungen sein kann, verdeutlicht sicherlich dieser Fall: Ein ehemaliger Nachbar, ein sehr guter Skifahrer, verkantet vor einer Pistenkreuzung. Bei seinem unkontrollierten Sturz prallte er gegen ein sich dort befindendes Hinweisschild, dessen metallener und leider ungepolsterter Fuß, der fix im Schnee versenkt war, ihm das Bein abriss. Seit diesem Unfall steht nicht nur das Wegeschild an einem anderen Ort, sondern ist auch mit einem Schutzpolster ummantelt.
Die Kollision mit einem Wegweiser wurde bereits vom Höchstgericht behandelt[61]. Es stellte fest, dass mit der Absicherung der Holme durch Strohsäcke die Pistensicherungspflicht nicht überspannt werde, da es

---

[60] OLG Innsbruck vom 11.12.1990, 1 R 206/90, Greiter, S. 110.
[61] OGH vom 6.7.1989, 7 Ob 625/89, Greiter, S. 104.

sich nicht um eine besonders aufwändige Absicherungsmaßnahme handelt, der Wegweiser mitten auf der Piste jedoch keine unerhebliche Gefahr darstellt. Im vorliegenden Fall waren sogar Strohsäcke angebracht, nur sind diese mit der Zeit verrutscht. Das die Haftung auslösende Fehlverhalten war, dass es der Pistenhalter unterlassen hat, den Zustand der Absicherung regelmäßig zu kontrollieren und instand zu halten.

Andererseits müssen nicht alle metallenen Gegenstände ummantelt werden[62]. Zu der Entscheidung kam es In Folge eines Aufpralls eines Skifahrers auf ein Metallrohr, das sich knapp neben der Piste befand. Dieses war Teil eines Schneezauns zur Sicherung der Piste vor Schneeverwehungen, also nicht isoliert, sondern gut erkennbar, weil aus dem Rohr selbst noch eine Markierungsstange herausragte, das Gebilde somit eine Höhe von gut 1,5 Metern erreichte und offenbar nicht zu übersehen war. Es bildete das unterste Ende des Schneezaunes, wo die Piste bereits auslaufend, also flach war.

Schon aus diesem Grund stellte das Höchstgericht fest, dass eine Abpolsterung nicht geboten ist, da gerade in solch ungefährlichem Gelände bei verantwortungsbewusster Benützung mit einem Abkommen von der Piste und einem Anfahren an die Rohre nicht gerechnet werden muss. Würde hier ein Abpolstern aller Rohre verlangt, führe dies zur Überspannung der Pistensicherungspflicht.

Markierungsstangen – rund, 5 cm Durchmesser, aus Holz – derer es Hunderte, wenn nicht Tausende in jedem Skigebiet gibt, müssen nicht ummantelt werden. Eine Haftung für solche Einrichtungen tritt dann ein, wenn eine zusätzliche Gefährdung des Pistenbenützers dadurch entsteht, dass sie unsachgemäß aufgestellt oder nicht gewartet wurden, oder ein unnachgiebiges Material verwendet wurde, das schwerere

---

[62] OGH vom 14.3.1989, 4 Ob 527/89, RZ 1989/61.

Verletzungsfolgen bei einer Kollision verhindern würde. Ein Abpolstern dieser Stangen würde die Pistensicherungspflicht ausufern lassen[63].

Aber auch die Absicherungen können eine Gefährdung der Skifahrer darstellen. Ein zum Schutz gedachter Fangzaun soll vor der dahinter befindlichen Gefahr schützen, darf aber nicht selbst zur Gefahr werden. Dabei ist festzustellen, dass mit den üblichen und am häufigsten verwendeten Schaumstoffmatten mit einer Stärke von 10 cm Aufprallfolgen nur dann gelindert werden können, wenn die Aufschlaggeschwindigkeit unter 20 km/h liegt[64]. Die Absicherung von Stürzen mit höheren Geschwindigkeiten bedarf Sicherungsmaßnahmen, wie sie im Rennsport üblich sind, was dem Pistenbetreiber nicht zugemutet werden kann, da dort der Aufwand regelmäßig mehrere Millionen Schilling beträgt.

In einer Entscheidung des OGH[65] war ein Fangzaun Gegenstand, der zur Absicherung eines dahinter in der Abfahrtrichtung der nach links weiter verlaufenden Piste rechts liegenden Geländeabbruchs diente. Er musste selbstverständlich so beschaffen sein, dass er von Skifahrern nicht durchschlagen werden konnte, um seiner Schutzfunktion gerecht zu werden. Das wollte der Pistenhalter erreichen, indem er zwischen 10-15 cm dicke Rundholzpfähle, die in etwa 2 Metern Abstand in den Boden versenkt waren und „mehr als mannshoch" (wie es in der Entscheidung wörtlich hieß) aus selbigem herausragten, pisteninnenseitig ein orangefarbenes Sicherheitsnetz spannte.

In seiner Entscheidung wiederholte der OGH seine bereits früher geäußerte Überzeugung[66], nämlich dass es nicht angehen kann, „die – nahe liegende – Sturzgefahr zwar durch Anbringen von Fangnetzen zu entschärfen, durch Aufstellung ungesicherter Steher im Bereich des Sturz-

---

[63] OGH vom 14.7.1992, 4 Ob 531/92, ZVR 1993, Nr. 97 = JBl 1993, S. 112 f, Greiter, S. 115.

[64] Vgl. Reindl, Neues zum Pistenrand, ZVR 2000, S. 404.

[65] OGH vom 4.2.1993, 2 Ob 501/93, Greiter, S. 231.

[66] OGH vom 10.4.1991, 1 Ob 533/91, Greiter, S. 208.

raumes aber eine andere, keineswegs bloß unbedeutende Gefahr für stürzende Skiläufer heraufzubeschwören."

Die Verteidigung in diesem Fall berief sich darauf, dass bei der Wahl der Pfosten eine runde und nicht eckige Form gewählt wurde, da diese weniger Verletzungsrisiko berge und somit die Grenze der Zumutbarkeit der Pistensicherung erreicht wäre und das „Polstern" von Absicherungen ebendiese überspannen würde. Der OGH stellte aber fest, dass wenn dort schon ein Fangzaun für Stürzende für notwendig erachtet wird, auch damit gerechnet werden muss, dass Skifahrer, die die Kontrolle verloren haben, nicht nur in das Fangnetz stürzen, sondern auch gegen die massiven Pfosten, und sich dort Verletzungen zuziehen können, die durch Abrundung derselben nicht verhindert werden können, da die Rundung die Wucht des Aufpralls nicht zu mindern vermag.

Deshalb ist die somit vorliegende atypische Gefahrenquelle gehörig zu sichern, was nur mit Polsterung oder Ummantelung erreicht werden kann und was wirtschaftlich nicht so aufwändig ist, dass es dem Pistenbetreiber nicht zugemutet werden könnte.

Was vom OGH nicht erörtert wurde, weil in diesem Sachverhalt nicht von Bedeutung, ist die Tatsache, dass die Aufprallgeschwindigkeit an eine Absicherung unmittelbar am Pistenrand noch höher ist als gegen das möglicherweise weiter dahinter befindliche Hindernis.

Derartige Absicherungen sind nicht unüblich: bei einem Lokalaugenschein[67] im Frühjahr 2001 konnte ich das selbst beobachten können. Unterhalb eines Hanges einer roten Abfahrt, deren Verlauf nach links schwenkt liegt ein Wald nach einem kleinen Geländeabbruch, der sich durch den Pistenverlauf ergibt, genau in der Falllinie. Ein im Auslauf dieses relativ steilen Hangs (rote Piste) Stürzender würde zwar nicht unweigerlich, aber unter gewissen Umständen wohl von der Piste abkommen und in den Wald rutschen. Der Wald ist deshalb richtigerweise abgesichert worden. Jedoch stellte die Absicherungsmaßnahme eine

---

[67] Skischaukel Mühlbach am Hochkönig, 2.3.2001.

ebenbürtige Gefahr zum Wald dar, da ihre Holzpfosten unmittelbar am Pistenrand den Baumstämmen im Wald an Verletzungspotential in nichts nachstehen[68].

Als atypisches Hindernis gilt auch eine Brücke auf der Piste, die der Überquerung eines Baches, einer Schlucht, etc. dient[69]. Die Unfallursache war ein Verfehlen der Brücke durch den Skifahrer, obwohl die Brücke deutlich und bereits von weitem zu erkennen war, jedoch keine Markierung aufwies. Eine Absperrung im Sinne eines Geländers war aus Gründen der Präparierung nicht möglich.

Brücken, die Gräben oder Schluchten überqueren, müssen markiert werden, da es sich meist um eine Verschmälerung der Piste handeln wird, auf die der Fahrer reagieren muss. Wenn sich auch die Brücke meist von der Umgebung abhebt, so kann das bei schlechten Sichtverhältnissen nicht mehr der Fall sein und es wird eine ausreichende Markierung unbedingt notwendig. Obwohl am Tag des gegenständlichen Unfalls bestes Wetter und ausgezeichnete Sicht herrschten, musste die Brücke zumindest markiert werden.

Das OLG stellte fest, es würde „eine Überforderung der Aufmerksamkeit der Skifahrer, die eine als leicht bezeichnete Piste befahren, darstellen, wollte man die Beibehaltung der Erinnerung angesichts des Verlaufs einer in Schussfahrt zu bewältigenden Piste, die sodann auf einer Brücke einen Knick und eine Verengung aufweist, in die allgemeine Verantwortlichkeit des Benützers verweisen.... Bestand schon nach diesen allgemeinen Verhältnissen (Anm.: dass die Gefährdung durch das nicht erfolgte Kenntlichmachen abstrakt vorhersehbar war) für den Beklagten die Verpflichtung, die Brücke zumindest kenntlich zu machen, dann muss die Unterlassung dieser Schutzvorkehrung auch im konkreten Fall dem Kläger zugute kommen, allerdings vorbehaltlich der Frage eines

[68] Leider ist es an diesem Absicherungszaun Weihnachten 1999 zu einem Unfall eines meiner Bekannten mit schwersten Verletzungsfolgen gekommen. Ein Verfahren ist am LG Salzburg anhängig. Der "Fangzaun" ist in unverändertem Zustand.
[69] OLG Linz vom 19.9.1983, 1 R 164/83, ZVR 1985, Nr. 31.

Mitverschuldens...." In diesem Punkt kann durchaus zugestimmt werden, aber es muss die Frage gestellt werden, ob es nicht die alleinige Verantwortlichkeit des Skifahrers ist, vorsichtiger zu fahren, wenn er von weit oben schon gesehen hat, dass er sich einer nicht ungefährlichen Passage nähert und er noch dazu eingesteht, dass er die Orientierung verloren hat – zur Mitverantwortung jedoch später.

Um sicherzustellen, dass auf der Brücke Stürzende nicht von derselben abkommen, ist auch eine Absicherung mit einem Zaun vorzunehmen, über den der Skifahrer nicht hinwegstürzen kann. Dass aufgrund von Schneefall ein Zaun zu niedrig werden kann, muss dabei auch beachtet werden. Die Brücke ist ein Beispiel für atypische Hindernisse, die abgesichert werden müssen. Vergleichbare Schutzmaßnahmen sind bei anderen Bauwerken wie Trafostationen, Strommasten, Lifthütten, etc. zu treffen.

Vom Pistenhalter nicht abzusichern sind künstliche Gefahren die sich zwar in unmittelbarer Nähe zur Piste befinden können, die aber ein anderer zu sichern hat. Typischerweise sind das solche im Bereich von Zufahrten zu Skihütten, deren Absicherung in die Sphäre des Hüttenbetreibers fällt.

Als Beispiel, was nicht von der Pflicht zur Absicherung durch den Pistenhalter(!) erfasst ist, gelten Jauchegruben von Skihütten[70]. Jauchegruben wie in diesem Fall beschaffen (6x4 Meter, wobei die Kanten 20-30 cm über dem Boden aus dem Schnee ragten, mit einem 50 cm breiten und 40 cm tiefen Graben ringsum) und direkt an der Skipiste gelegen, sind künstliche – weil vom Menschen geschaffene – Gefahrenquellen.

Anders als ein Felsen, der – wie oben dargestellt – vom Pistenbetreiber abzusichern wäre, zeigt sich hier warum eine Abgrenzung der künstlichen Gefahr von der natürlichen Gefahrenquelle notwendig ist. Hier trifft den Hüttenbetreiber, der die Jauchegrube errichtet hat und dem sie dient, die Pflicht zu deren Absicherung nach den allgemeinen Grundsät-

---

[70] OLG Innsbruck vom 2.9.1976, 2 R 199/76, Greiter S. 82.

zen, dass, wer eine Gefahrenquelle schafft, diese abzusichern hat, aber auch nach dem § 1319 ABGB per analogiam. Die analoge Anwendung von § 1319 ABGB ist in Fällen bedeutsam, da im Unterschied zu § 1296 ABGB, § 1319 ABGB eine Beweislastumkehr festlegt[71], wonach der Besitzer des Bauwerks bzw. der Anlage den vollständigen Beweis erbringen muss, dass er alle notwendigen Maßnahmen erbracht hat, um sich von der Haftung zu befreien.

Pistenrand

Da die Pistensicherungspflicht nicht ausufern soll, hat sie zeitliche, aber vor allem räumliche Einschränkungen zu erfahren. Es kann nicht ein gesamter Berg abgesichert werden, aber ebenso kann die Absicherung nicht bereits dort enden, wo die Präparierung endet. Hier ist auf die Eigennatur des Skisports und die Dynamik der Bewegung Rücksicht zu nehmen.

Rechtssprechung stellt wiederholt fest, dass als der Bereich, in dem Gefahren für den Skifahrer abzusichern oder zu beseitigen sind, eine Skilänge, also etwa zwei Meter, neben der Piste anzusehen ist, wobei gleichzeitig auf das „Bewegliche System" nach Wilburg verwiesen wird[72], also die Skilänge kein feststehender Wert ist, sondern im Einzelfall auf besondere Umstände Rücksicht genommen werden muss und möglicherweise ein Meter Schutzzone reicht, z.B. wenn es neben der Piste bergauf geht und es nicht zu erwarten ist, dass in diesen Bereich ein Skifahrer abkommen oder hineinstürzen kann, manchmal jedoch drei oder vier Meter abzusichern sein werden, beispielsweise bei sehr abschüssigem Gelände.

Bei neuen Techniken wie des Carvings, oder aber auch beim Snowboarden, können sich bei den annähernden Querfahrten, die zwischen den Schwüngen iSv Richtungsänderungen vorkommen, höhere Geschwin-

---

[71] Koziol - Welser, II[11], 332.

[72] OGH vom 10.4.1991, 1 Ob 533/91, Greiter, S. 208.

digkeiten ergeben, die in Richtung Pistenrand „zielen". Darauf muss vom Pistenhalter jedoch keine Rücksicht genommen werden. Wer so auf den Pistenrand zuprescht und die Gefahr für sich nicht erkennt, handelt auf eigenes Risiko, da er erkennen muss, dass er sich auf ungesichertes Gelände zubewegt, wo die Gefahren für ihn nun mal größer sind.

Dem physikalischen Gesetz der Massenträgheit folgend werden Körper im Fall eines Sturzes ihre Richtung und Geschwindigkeit zum Zeitpunkt des Sturzes beibehalten und der Sturzverlauf in Richtung Pistenrand bzw. darüber hinaus verlaufen. Besonders im Bereich von Richtungsänderungen von Pisten, wo Skifahrer ihre Fahrtrichtung nicht mehr willkürlich wählen können, und im Auslaufbereich von solchen muss mit Stürzenden gerechnet werden. Die Absicherung ist besonders am Außenrand der Kurve wichtig.[73]

Bremswirkung hat der Skiläufer in seiner regenfesten und meist aus rutschigem Material bestehenden Ausrüstung von sich aus auf der Piste nur in geringem Ausmaß, sodass sein „Bremsweg" im Falle eines Sturzes oftmals nicht innerhalb der Piste enden kann, und ein Abkommen von der Piste unvermeidbar wird.

Deshalb sind die zuvor beschriebenen Sicherungsmaßnamen auch bei Hindernissen bzw. Gefahrenquellen in einem solchen Randbereich vorzunehmen. Der zu sichernde Randbereich kann – wie die gesamte Pflicht zur Pistensicherung – aber nicht ausufernd weit verstanden werden. Die Rechtssprechung nimmt einen zu sichernden Randbereich von etwa zwei Metern an[74], was aber je nach Geländebeschaffenheit (Gefälle, etc.) auch mehr oder weniger sein kann. Über die 2 Meter hinaus besteht dafür auch keine unmittelbare Notwendigkeit, denn der stürzende Skifahrer hat im unpräparierten Gelände mehr Reibung und Widerstand, hält daher im Vergleich zur normalen Piste wesentlich schneller

---

[73] OLG Innsbruck vom 29.6.1994, 3 R 69/94, Greiter, S. 248.
[74] OGH vom 19.4.1977, RZ 1977, Nr. 112 = SZ 50, Nr. 54, Greiter, S. 39.

an, da die Bremswirkung von Tiefschnee oder Jungwald ein Vielfaches höher ist als die von präparierten Abfahrten.
Befindet sich nach dem Pistenrand eine besonders gravierende Gefahrenquelle, etwa Felsabbrüche, ein See, o.Ä., ist jedenfalls Vorkehrung zu treffen, dass der Stürzende die Absperrung nicht durchschlagen kann.

Pistenkontrolle

An den Talstationen der Aufstiegshilfen wird der Skifahrer darauf aufmerksam gemacht, wann die letzte Bergfahrt durchgeführt wird. Regelmäßig findet eine halbe Stunde danach noch eine Kontrollfahrt des Personals des Pistenbetreibers statt, um sicherzustellen, dass sich kein Skifahrer nach einem Sturz o.Ä. hilflos auf der Piste befindet. Kontrolliert werden vorwiegend die Piste und der unmittelbare Randbereich. Wiederum wäre eine allzu umfassende Kontrolle auf dermaßen groß dimensionierten Flächen nicht durchführbar.
Zum einen bedeuten diese Kontrollfahrten einen Schlusspunkt für die Pistensicherungspflicht, sei es vertraglich oder deliktisch. Wer sich nach diesem Zeitpunkt, das wird regelmäßig gegen 17.00 Uhr sein, noch auf der Piste befindet, kann keine Pistensicherung erwarten. Besonders in der Nacht wird der Zustand der Piste für den nächsten Tag maschinell präpariert. Dass diese oft aufwändigen Arbeiten in die Nachtstunden verlegt werden, hat mehrere Gründe, z.B. um die Gefährdung auszuschließen, die Pistenraupen auf befahrenen Pisten darstellen, auch um den Skigästen am nächsten Morgen die Pisten wieder in bestem Zustand zu präsentieren, aber auch, weil Präparierungen, die in der Nacht durchgeführt werden, aufgrund der niedrigeren Temperatur besser „anziehen“ und so von längerer Haltbarkeit sind. Damit aber diese Arbeiten in der Nacht mehr oder minder gefahrlos durchgeführt werden können, muss noch bei Tageslicht sichergestellt werden, dass sich auch niemand mehr auf der Piste befindet.

Ist die Präparierung im Gange, kann es zu gefährlichen Situationen kommen. Besonders durch Schneebewegungen, die die Pistenraupen durchführen, können Löcher entstehen, die für einen zu dieser Uhrzeit Abfahrenden kaum erkennbar sind. Vor allem durch die mehr in Mode gekommene Windenpräparierung besteht besondere Gefahr für die „Spätschicht“ der Pistenbenützer.

Abfahrten nach „Pistenschluss“ kommen meist dann vor, wenn auf der Skihütte noch „Après Ski“ zelebriert wurde, und so erst später in der Dunkelheit abgefahren wird. Egal ob mit Stirnlampe oder ohne abgefahren wird, ist die Wahrnehmungsfähigkeit der Abfahrer eingeschränkt. Für den Zustand der Piste in der Nacht kann ein Pistenhalter schon allein deshalb nicht belangt werden, weil für den Abfahrer ja so gut wie kein Hindernis erkennbar ist. Eine 24-stündige Sicherstellung der Piste kann unmöglich erreicht werden, besonders bei den Witterungsveränderungen, denen solche Flächen ausgesetzt sind.

Abfahrer nach Ladenschluss bildeten aber glücklicherweise die Ausnahme. Neu in Mode gekommen ist das Tourengehen nach Büroschluss, wo am Abend zur körperlichen Ertüchtigung die Piste mit Tourenskiern begangen wird und danach wieder abgefahren wird. Da für solche Pistenbenützer auch Sorge getragen werden muss, da man mit der Pistenpräparierung eine nicht unerhebliche Gefahr schafft, stellte das Rechtssymposium des Fachverbandes der Seilbahnen fest, dass es im Falle von Windenpräparierung eine Absperrung der Pisten von oben, aber wegen der aufsteigenden Tourengeher auch von unten, mit Zäunen und Warnschildern für notwendig hält.

Zum einen soll die Pistensicherungspflicht nicht ausufern, zum anderen sind Pisten in Abendstunden aufwändig abzusperren, wenn Windenpräparierungen durchgeführt werden, obwohl zu dieser Tageszeit ohnehin niemand mehr etwas auf der Piste verloren hat. Ich kann keine Berechtigung des Tourengehers erkennen, sich nach den Betriebsstunden noch auf den Pisten aufzuhalten.

Vertragliche Haftung kann darüber hinaus sicherlich ausgeschlossen werden, denn auch wenn der Tourengeher Besitzer einer Saisonkarte ist, so ist die Pistensicherung vertragliche Nebenpflicht des Beförderungsvertrags. Da er die vertragliche Hauptverpflichtung nicht in Anspruch nimmt bzw. nicht mehr nehmen kann, weil der Liftbetrieb schon eingestellt ist, kann dem Pistenbetreiber auch nicht die Verletzung der ansonsten bestehenden Nebenpflicht angelastet werden.

Formen des Mitverschuldens in Fällen unterlassener oder verletzter Pistensicherungspflicht

Als Mitverschulden gem. § 1304 ABGB wird bezeichnet, wenn den Schädiger nicht das alleinige Verschulden trifft, sondern dem Geschädigten ebenfalls ein Fehlverhalten vorgeworfen werden kann. Richtigerweise muss das Mitverschulden als Mitverantwortlichkeit bezeichnet werden[75], da ein Verschulden eine Rechtswidrigkeit voraussetzt. Der sorglose Umgang mit seinen eigenen Rechtsgütern verstößt hingegen nicht gegen irgendwelche Verbote. Die Mitverantwortlichkeit des Skifahrers kann in verschiedensten Ausformungen auftreten.

Schadensaufteilung

Ein Sturz an sich kann dem Skifahrer nicht zum Vorwurf gemacht werden[76]. Anknüpfungspunkt kann nur ein Verhalten zuvor sein, das letztendlich zum Sturz führte, so z.B. eine für die Umstände überhöhte Geschwindigkeit. Wenn ein Skifahrer seine Geschwindigkeit so hoch wählt, dass ein Verlust der Kontrolle wahrscheinlich wird, egal wie gut der Skifahrer auch ist, so wird ihm ein folgender Sturz als Mitverantwortung angerechnet werden, auch wenn Stürze zum üblichen und erlaubten Sportrisiko zu zählen sind.

---

[75] Koziol - Welser, II[11], 297 ff.

[76] u.a. OGH vom 6.7.1989, 7 Ob 625/89, Greiter, S. 104.

Dennoch scheint es so, dass ein Sturz nur dann nicht zum Vorwurf gemacht wird, wenn man davor langsam genug gefahren ist. Bei schnellerer Fahrweise, auch bei ausgezeichneten Skifahrern, wird dies als Mitverantwortlichkeit gewertet. Will man seine persönlichen Grenzen austesten, wird ein darauf folgender Sturz zumindest Mitverschulden, wenn nicht Eigenverschulden bedeuten, der Pistenhalter also nicht zur Verantwortung gezogen. Daher scheint mir eine Umkehr der bisherigen Formel „ein Sturz kann dem Skiläufer nicht zum Vorwurf gemacht werden" zu „grundsätzlich ist ein Sturz vorwerfbar, da davon ausgegangen wird, dass dem Sturz ein vorwerfbares Verhalten vorausging; den Gegenbeweis dafür hat der Skifahrer selbst zu erbringen[77]".

Wer im „Jetstil", d.h. auf den Skienden sitzend, gerade über eine Kuppe fährt und danach aufgrund einer dahinter befindlichen aperen Stelle zu Sturz kommt, den trifft Mitverschulden zu einem Drittel[78].

Einen Teil der Verantwortung musste der so zu Tal Fahrende deshalb übernehmen, weil in diesem Fahrstil die Sicht über die Geländekante aufgrund der niedrigeren Kopfposition zusätzlich eingeschränkt war. Der Hauptvorwurf, der dem Fahrer in dieser E. gemacht wurde, war jedoch, dass er in einer Weise über eine Kuppe fährt, bei der er nicht mehr auf dahinter liegende Gefahren reagieren kann, was nach den Pistenregeln von ihm verlangt wird.

Ereignet sich ein Unfall aufgrund unterlassener Pistensicherungsmaßnahmen hinter einer Kuppe, wird dem Skifahrer meist eine Obliegenheitsverletzung iSd. § 1304 ABGB anzulasten sein. Diese Obliegenheitsverletzung wird nur dann nicht zu seinem Nachteil, also zu einer Mitverantwortlichkeit führen, wenn den Pistenhalter ein besonders schweres Verschulden trifft, welches das leichte Verschulden des Verletzten außer Betracht lassen würde[79].

---

[77] Reindl, Neues zum Pistenrand, ZVR 2000, 404, Punkt III.

[78] OGH vom 19.4.1977, RZ 1977, Nr. 112 = SZ 50, Nr. 54, Greiter, S. 39.

[79] Koziol - Welser, II[11], 298; OGH in ZVR 1985/21.

Ein häufiger Grund für eine Verschuldensaufteilung ist überhöhte Geschwindigkeit. Ist es für den Skifahrer erkennbar, dass sich die Piste in keinem optimalen Zustand befindet, muss er seine Geschwindigkeit dementsprechend drosseln. Tut er das nicht, trifft ihn ein nicht bloß geringes Verschulden, vielmehr ist sein Verschulden gleichzusetzen mit dem des Pistenhalters.

Ist zum Beispiel aufgrund zu geringer Schneefälle die Schneedecke nicht geschlossen und stehen Steine, Wurzeln, Sträucher, etc. auf der Piste noch hervor, ist die Piste u.U. zu sperren, da ein Befahren zu gefährlich ist. Unterlässt der Skifahrer eine Adaptierung seiner Geschwindigkeit, obwohl er erkennen kann, dass sich die Piste in schlechtem Zustand befindet, sind Verletzungsfolgen eines Sturzes ihm mit anzurechnen, er hätte betont vorsichtig zu Tal fahren müssen[80].

In einem Fall, verhandelt vor dem OLG Linz[81], war ein Skifahrer von einer unmarkierten und ungesicherten Brücke gestürzt, die über einen Bach führte. Das OLG stellte sein Mitverschulden zur Hälfte fest, da die Brücke schon von 300 Metern Entfernung aus deutlich erkennbar war und der ausgezeichnete Skifahrer dennoch vor der Brücke, die aufgrund des flachen Pistenverlaufs auf den letzten 100 Metern nur mehr in aufrechter Position zu erkennen war und dieser Abschnitt aber zur Schussfahrt verleitete, die Orientierung verlor und die Brücke verfehlte. Der Verstoß gegen die FIS-Regel „Fahren auf Sicht" und damit das Vernachlässigen der gehörigen Sorgfalt wurde ihm als vorwerfbares Fehlverhalten zur Hälfte angerechnet.

3.8 Der mündige Pistenbenützer!?

In vielen Urteilen und Überlegungen in der hL fehlt mir die Frage nach erhöhter Selbstverantwortung des Skifahrers. Ich habe viele Skiunfälle

---

[80] OGH 18.4.1989, 4 Ob 524/89, Greiter, S. 58; OLG Innsbruck vom 28.2.1995, 1 R 25/95, Greiter, S. 71.

[81] OLG Linz vom 19.9.1983, 1 R 164/83, ZVR 1985, Nr. 31.

mitgemacht: als Zeuge, Angehöriger oder Freund von Beteiligten und auch als Aktiver. Ich bin zu der Überzeugung gekommen, dass sicherlich das Gros der Pistenbenutzer, seien sie nun mit einem oder zwei Brettern an den Beinen ausgerüstet, zu schnell bzw. über ihre Fähigkeiten hinaus unterwegs sind. Auch die Rechtssprechung trägt diesem Umstand selbstverständlich Rechnung, legt aber an die verantwortungsbewusste Fahrweise des Einzelnen ein oft zu geringes Augenmerk.

Wie auch die Rechtssprechung erkannt hat, dass sich ein so umfassendes Gebiet wie ein Skiareal nicht 100%-ig sicher machen lässt, muss sich auch der Skisportler der Gefahr, die sich aus seiner sportlichen Betätigung ergibt, bewusst sein und dementsprechend sein Skifahren ausrichten.

In Entscheidungen wie der oben genannten des OLG Linz[82] wurde eine Verschuldensaufteilung 1:1 zwischen Pistenbetreiber und Skifahrer vorgenommen. Das ist nach meinem Rechtsgefühl zu Unrecht passiert. Der Verunglückte bezeichnete sich als ausgezeichneter Skifahrer und gab an, die Brücke schon von weitem erkannt zu haben. Trotzdem verfehlte er sie, obwohl sogar seine Geschwindigkeit nicht besonders hoch sein konnte, er machte schließlich noch kurz davor zwei Schlittschuhschritte. Meines Erachtens beruht ein solcher Sturz auf einer Unachtsamkeit, die nur als Alleinverschulden bezeichnet werden kann, auch wenn die Sicherung der atypischen Gefahrenquelle nicht erfolgt ist, da sie ja offensichtlich scheint und nicht überraschend auf den Skifahrer zukommt.

Darüber hinaus gibt der Skifahrer in seiner Parteienvernehmung an, bei auf dem Flachstück vor der Brücke – wo diese nur mehr in aufrechter Fahrposition zu erkennen ist, und auch das schwer – die Orientierung verloren zu haben, er also nicht mehr wusste, wo die zuvor noch als Gefahr identifizierte Stelle der Piste sich befand.

---

[82] OLG Linz vom 19.9.1983, 1 R 164/83, ZVR 1985, Nr. 31.

Dass er trotzdem seine Fahrt mit unverminderter Geschwindigkeit fortsetzte, beruht auf dem allzu häufig vorkommenden Phänomen der Selbstüberschätzung und der Überzeugung der Skifahrer, sie hätten das Glück schon auf ihrer Seite. Haben sie das dann nicht, wird die Schuld bei anderen gesucht, und leider auch immer wieder irgendwie gefunden. Hat er vergessen, wo die Brücke sich befand, und konnte er sehen, dass sie nicht gekennzeichnet ist, muss er erkennen, dass er sich auf eine Gefahr zu bewegt. Das muss wiederum Grund genug sein, so langsam zu fahren, dass ein sofortiges Anhalten möglich ist.
Das OLG stellte fest, der Skiläufer muss sich nicht den genauen Streckenverlauf einprägen. Dem stimme ich zu. Es ist vom Skifahrer aber durchaus zu verlangen, dass er sich merkt, dass ihn weiter unten eine Gefahrenstelle erwartet. Deren genauer Standort muss ihm nicht bekannt sein, aber mit fortgesetzter Talfahrt wird er der Annäherung mit erhöhter Vorsicht Rechnung tragen müssen.

4. Skiunfall wegen Verletzung der Pistenregeln

4.1 Allgemeines

Dieses Kapitel beschäftigt sich mit Unfällen bei Kollisionen zwischen zwei oder mehreren Skifahrern. Der Anteil von Kollisionsopfern an dem im Skisport Verletzten ist nicht so hoch, wie man anfänglich meinen möchte, obwohl sie einen Großteil der gerichtlichen Auseinandersetzungen mit Skisport verursachen.

Den größten Anteil haben nach wie vor die „Selbstverstümmler" inne, die wie in fast jeder Sportart auch im Skisport den größten Verletztenanteil stellen. Sie überschätzen ihr Können oder unterschätzen die Gefährlichkeit der Situation (meist beides) und müssen, oder sollten zumindest, die Verantwortung für ihre Schäden bei sich selbst suchen.

Da der Skisport ein Massenphänomen ist und der „Skiverkehr" Ähnlichkeiten mit dem Straßenverkehr hat[83], ist ein Regulativ für das Vergnügen auf den Pisten notwendig, das den Skifahrern Ordnung beschert. Der Natur der Rechtsstaatlichkeit entsprechend gibt es folgerichtig kein eigenes Gesetz zur Regelung des Skiwesens, da nicht für jeden Lebensbereich eigene Gesetze erlassen werden können und müssen. Dennoch gibt es auf den Pisten Regeln für den reibungslosen iSv. geregelten und möglichst verletzungsfreien, Ablauf. Wie bereits am Anfang festgestellt, handelt es sich beim Skifahren um eine Art Verkehr, der wie auf der Straße auch unbedingt Regulierung erfahren muss.

Zwar ist die Skipiste noch weit entfernt vom Schilderwald entlang unserer Straßenverkehrswege und hat auch keine eigene StVO (oder besser gesagt, keine mehr: der Magistrat Wien hat 1937 eine VO für ein Skigebiet erlassen, diese ist aber nicht mehr in Geltung[84]), dennoch gibt es

---

[83] Pichler – Holzer, S. 150.
[84] Pichler – Holzer, 136.

Maßregeln wie z.B. Vorrangregeln, die den geordneten Fluss der Skifahrer gewährleisten sollen.
Der OGH sieht die FIS-Regeln „als Zusammenfassung der Sorgfaltspflichten, die bei der Ausübung des alpinen Skisports ... zu beachten sind"[85]. Zusätzlich und die FIS-Regeln komplettierend gibt es noch den Pistenordnungsentwurf, dazu später mehr.

4.2 Rechtliche „Qualität" von Pistenregeln

Wollte der Gesetzgeber eingreifen, so wäre dies gemäß der Generalklausel des Art 15 Abs. 1 B-VG eine Kompetenz des Landesgesetzgebers (Landtag). Eine kleine Ausnahme vom Absehen einer Regelung macht das Bundesland Vorarlberg, das im Vorarlberger Sportgesetz[86] zwar nicht die FIS-Regeln aufgenommen hat, jedoch ein allgemeines Gefährdungsverbot dahingehend konkretisiert, dass auf die jeweiligen Sportregeln (also in diesem Fall die FIS-Regeln) verwiesen wird. Die in Österreich herrschenden Pistenregeln sind von „privaten" Organisationen – also nicht vom Staat - erlassen.
Der in Österreich Ski Fahrende hat sich an die zehn FIS-Regeln[87], wie der Name schon andeutet, vom Rechtsausschuss der FIS (Fédération Internationale de Ski), erlassen im Jahre 1967, und den POE[88] (Pistenordnungsentwurf) von 1970 zu halten. Seit 1973 gibt es zu den FIS-Regeln einen offiziellen Kommentar, welcher in Nikosia ausgearbeitet wurde und eine internationale Vereinheitlichung der Auslegung erreichen soll.
Zur – meiner Ansicht nach – müßigen Frage nach der Eigenschaft der Pistenregeln als Gewohnheitsrecht, das neben dem allgemeinen positi-

---

[85] OGH 25.05.1979, 8 Ob 509/79.
[86] § 2 Vorarlberger Sportgesetz, LGBl 1972/15.
[87] zuletzt geändert 1990 in Montreux.
[88] erlassen von einem Rechtsausschuss des Österreichischen Kuratoriums für Sicherung Berggefahren (seit 1976: Österreichisches Kuratorium für alpine Sicherheit).

ven Schadenersatzrecht eine gesetzliche Quelle für den Sorgfaltsmaßstab darstellt, muss Folgendes erläutert werden. Damit Gewohnheitsrecht entsteht, müssen nachstehende Voraussetzungen erfüllt sein:

a) Eine allgemeine, tatsächliche Übung (consuetudo) der Rechtsadressaten,
b) samt der Überzeugung von der rechtlichen Verbindlichkeit derselben (opinion iuris, opinion necessitatis) – Rechtsgeltungs-willen
c) und die Anerkennung der Übung durch den Staat, wenn auch stillschweigend[89]

Der geführten Diskussion um die Eigenschaft der Pistenregeln sei in aller Kürze entgegnet. Die Voraussetzungen zur Erhebung der Pistenregeln zu Gewohnheitsrecht mögen ja durchaus gegeben sein, trotzdem sollte man sich vor einer seitenlangen juristischen Auseinandersetzung darüber die juristische Praxis ansehen:
Vorrausetzung für das Bestehen eines Schadenersatzanspruches ist die Rechtswidrigkeit eines schädigenden Verhaltens.[90] Liegt in einem Prozess ein pistenregelwidriges Verhalten vor, so gilt dieses als objektiv vorwerfbares Verhalten aufgrund des Verstoßes gegen die Verkehrssitte[91].
Kollegen, denen es der Einfachheit halber nach der Erhebung der Pistenregeln in Gesetzesrang verlangt, um damit dem Richter die Begründung der Rechtswidrigkeit zu vereinfachen[92], haben noch nicht miterlebt, wie schnell in einem entstehenden Urteil ein Absatz zur Frage der Rechtswidrigkeit bei einer Verletzung von Pistenregeln unwiderruflich

---

[89] Gschnitzer, Allgemeiner Teil des bürgerlichen Rechts, S. 34 f; Adamovich – Funk, Verfassungsrecht, S. 48 f.
[90] siehe oben 2.
[91] Bydlinsky, Juristische Methodenlehre und Rechtsbegriff², 1991, 220.
[92] Gschöpf, Haftung bei Verstoß gegen Sportregeln, 45.

(durch die Instanz) eingefügt ist, besonders bei der eindeutigen Meinung in hL und unstrittiger Judikatur[93].

Der OGH sieht in den FIS-Regeln jedenfalls eine „Konkretisierung der Sorgfaltspflicht“[94] und sieht (im zitierten Urteil sogar) ausdrücklich keinen Anlass, zum Thema Rechtsqualität von Pistenregeln eine Stellungnahme abzugeben.

Die FIS selbst sieht die von ihr aufgestellten Regeln als „ideales Musterbeispiel des Verhaltens des vorsichtigen, rücksichtsvollen Skifahrers“[95]. Auch das Wissen um diese Regeln setzt die FIS beim Skifahrer voraus. Jedermann, der seine Freizeit Ski fahrend verbringt, muss wissen, dass es dafür ein eigenes Regelwerk gibt. Jedem, der sich mit zehn- oder zwanzigtausend anderen ein Skigebiet teilt, muss einleuchten, dass er sich nicht in einem regelfreien Raum befinden kann. Kennt er die Pistenregeln nicht oder ist sich über deren Inhalt nicht sicher, kann ihm seine Unwissenheit der römischen Rechtstradition folgend (error iuris nocet, imperitia iuris nocet) nur zur Last gelegt werden, nicht aber als Ausrede dienen. Besonders die FIS-Regeln sind in ihrer Publizität und vor allem Zugänglichkeit leicht in Erfahrung zu bringen, sei es durch in Skigebieten aufgestellte Tafeln oder aufliegende Broschüren, sog. Flyer.

Wie jedoch Umfragen ergeben haben, ist es trotzdem um die Kenntnis der Pistenregeln nicht allzu rosig bestellt. Weder die Tatsache, dass es solche gibt, geschweige denn deren Inhalt, kann von einem Großteil der Befragten positiv beantwortet werden.

Dass diese Unwissenheit um die bestehenden Pistenregeln nicht nur ein Sicherheitsrisiko für die Sportler darstellt, wurde erkannt. Aktionen wie „Saver Snow More Fun – Sicherheit im Alpinen Wintersport“, lanciert vom Fachverband Seilbahnen Österreichs im Jänner 1998, verfolgen als Ziel die Erhöhung der Sicherheit auf Österreichs Pisten. Nicht überra-

---

[93] so verwendet der OGH die FIS-Regeln als Sorgfaltsmaßstab zum ersten Mal in OGH 8.7.1970, ÖRZ 1970, 220 = JBl 1971, 252.

[94] in ZVR 1997/117 (Gschöpf 49).

[95] Kommentar zur Präambel zu den FIS-Regeln, in Pichler-Holzer, 287.

schend ist die Tatsache, dass diese Aktion von Versicherungen wie auch vom Bundesministerium für Unterricht und kulturelle Angelegenheiten unterstützt wird.

Die Verbesserung der Regelkenntnis steht in unmittelbarem Zusammenhang mit der Erhöhung der Sicherheit auf Österreichs Pisten. Nahe liegend ist das Engagement von Versicherungen bei solchen Aktionen, die ein Sinken der Verletztenzahlen sicherlich begrüßen. Die Beteiligung des Ministeriums kann als ein weiteres Zeichen der staatlichen Anerkennung der Übung, die FIS-Regeln als verbindlich zu sehen, gedeutet werden.

In Österreich gibt es neben den Pistenregeln noch den Pistenordnungsentwurf (POE), von Experten und vor allem Juristen zusammengestellte Verhaltensregeln für den Skisport. Geplant war eine Erhebung dieses Entwurfs in Gesetzesrang, was jedoch bis heute unterlassen wurde. Dennoch fand der POE Einzug in die österreichische Rechtslandschaft, nicht zuletzt, weil einer der Mitautoren eine der berühmtesten Figuren im österreichischen Skirecht ist, Josef Pichler, dessen Namen im gesamten Alpenraum ein Begriff ist.

Der POE ist in den meisten Fällen inhaltlich deckungsgleich mit den FIS-Regeln, wenn auch in einer juristisch präziseren Sprache verfasst, die auf Kosten sprachlicher Eleganz und Einfachheit gewählt wurde. In manchen Punkten geht der POE über die Regelungen des FIS hinaus. Besonders bei einer Regel für Querende und zum Thema Pistenwahl hat der POE einen Lösungsvorschlag, der weit über das Reglement der FIS hinausgeht[96].

Die Anwendung dieser Regelungen als Maßstab für den umsichtigen und vernünftigen Skifahrer scheint mir nicht die optimale Lösung zu sein. Was in diesem Fall Kopfzerbrechen bereitet, ist die Tatsache, dass der POE sich im Vergleich zu den FIS-Regeln nur geringer Bekanntheit erfreut, und besonders bei den ausländischen Skigästen, die in Öster-

[96] dazu im Folgenden mehr.

reich schließlich in der Überzahl sind, völlig unbekannt ist. Das Gute und Begrüßenswerte an den FIS-Regeln ist ihre internationale Standardisierung und Bekanntheit (auch wenn sie sich z.T. in Grenzen hält).
Dass in Österreich besonderes Skirecht gelten soll, kann für ein tourismusorientiertes Land wie das unsere nicht zielführend sein. Bedenklich ist aus meinem Rechtsverständnis heraus die Tatsache, dass ein schon fast abstrakter Sorgfaltsmaßstab entsteht, wenn das Regulativ, auf dem er beruht, dem Elfenbeinturm der Juristerei entspringt und ebendort auch schlummert. Selbst ein vorbildlicher Skifahrer, der sich vor seinem Skiausflug über die bestehenden Regeln informiert, kann in bestem Glauben einen Regelverstoß begehen, obwohl in seine Rechtsunwissenheit keinesfalls zur Last gelegt werden dürfte.
Es finden sich immer wieder Entscheidungen, in denen auf den POE verwiesen wird, und die Vorwerfbarkeit eines Verhaltens aufgrund des Verstoßes gegen den Entwurf resultiert.[97] Auch wenn im POE nichts Unmögliches, sondern in der Praxis zumutbare Pflichten festgelegt sind, ergeben sich diese aus der Natur des Skisports und dem allgemeinen Sorgfaltsbegriff. Eine Überspannung der im POE festgestellten „Zusatzpflichten" brächte nicht begrüßenswerte Tendenzen im Haftungsbereich. Dem Ideal kann nicht entsprochen werden und eine weiter ins Detail gehende Präzisierung macht ein Entsprechen noch unmöglicher.

4.3 Die Pistenregeln im Detail

FIS-Regel 1

„Jeder Skifahrer muss sich so verhalten, dass er keinen anderen gefährdet oder schädigt."
Die erste Regel kann als Generalklausel bezeichnet werden, die einem allgemeinen Rechtsgrundsatz zugrunde liegt. Ein bloßer Verstoß gegen den Rechtssatz „neminem laedere" kann noch nicht als Rechtswidrigkeit

---

[97] bes. in Fällen des „querenden Skifahrers".

ausreichen, ansonsten wäre jegliche verursachte Verletzung schon rechtswidrig. Es handelt sich vielmehr um einen „Auffangtatbestand"[98]. Nachdem aber ein so generelles Gebot ohnehin in der Rechtsordnung in den allgemeinen Haftungsbestimmungen normiert ist (§ 1295 1.Satz ABGB) und ein Verhalten, dass trotz Befolgung der restlichen FIS-Regeln zu einer Schädigung führt, ohnehin vorwerfbar wäre, hat diese FIS-Regel keine eigenständige Tatbestandwirkung[99].

Zu beachten bleibt aber, dass diese Generalklausel den Geltungsbereich der FIS-Regeln über die Pisten und den unmittelbaren Skilauf hinaus ausweitet. Der Skifahrer hat nicht nur alles zu unterlassen, was andere gefährden könnte, sondern muss auch alles dafür tun, eine Gefährdung durch ihn abzuwenden. Dieses Sorgfaltsgebot enthält nicht nur ein eine Pflicht des Skifahrers, sein Verhalten auf der Piste Kollisionen vermeidend zu gestalten, sondern fordert vom Skifahrer einen aktiven Beitrag bereits in der Vorbereitung des Skiausflugs in der Form, dass er dafür Sorge zu tragen hat, seine Skiausrüstung in einem entsprechend verkehrssicheren Zustand zu halten.[100]

Vorwerfbar in diesem Zusammenhang sind im Besonderen die Verwendung technisch veralteter oder defekter Bindungen, die nicht oder aber mit kaputter Fangvorrichtung ausgestattet sind. Begibt sich der Fahrer auf einen eisigen oder schwierigen Hang, muss er nicht nur skifahrerisch in der Lage sein, diesen zu bewältigen, sondern auch seine Kanten müssen in einem entsprechenden Zustand sein. Sind sie das nicht, hätte er vor dem Skitag dafür Sorge tragen müssen. Man kann sogar soweit gehen, dass der Ski auf alle Fälle für eine eisige Piste gerüstet sein muss, da nicht von vornherein ausgeschlossen werden kann, dass sich solche Umstände ergeben. Für den Zustand des Sportgeräts können

---

[98] übereinstimmend: Dambeck, Piste und Recht, S. 78; Pichler-Holzer, 156
[99] so auch in Pichler-Holzer, 156
[100] Dambeck, Piste und Recht, S. 43.

neben den Eltern für ihre Kinder auch Skilehrer im Rahmen ihrer Aufsichtspflicht, besonders bei Skianfängern, haftbar gemacht werden.
Nachdem es den FIS-Regeln an gesetzlicher Qualität wie oben dargestellt fehlt, sollte auch nicht mit so strengem juristischem Maß herangegangen werden. Man muss im Auge behalten, dass diese Pistenregeln vom Skifahrer in der Liftschlange gelesen werden, und er dabei vielleicht an mehr Achtsamkeit erinnert werden soll und auf diese Weise dem Unfall vorgebeugt werden kann, was ja der Zweck der Pistenregeln an sich ist.
Was auf alle Fälle als ein Verstoß gegen die FIS-Regel 1 zu werten ist, sind Unfälle, verursacht von durch Alkohol bedingt fahruntüchtigen Skifahrern, auch wenn das unfallkausale Verhalten häufig auch auf Verstöße gegen die FIS-Regeln 2 ff gründen wird. Die Häufigkeit von betrunkenen Skifahrern hat in den vergangenen Jahren dramatisch zugenommen, da der Alpenraum in puncto Trinkverhalten neuerdings mit dem „Ballermann" verwechselt wird, und sich die Touristen, aber natürlich auch Einheimische, der Gefahr, die vom Alkohol beim Skifahren ausgeht, in der Urlaubseuphorie nicht bewusst zu sein scheinen.
Gefährlich ist in diesem Zusammenhang auch das – hier, wie im Straßenverkehr - häufig unterschätzte Problem des Restalkohols, der nach einer durchzechten Nacht nicht nur das Wohlbefinden stört, sondern auch die Reaktions- und Wahrnehmungsfähigkeit beeinträchtigt.
Fahrtüchtigkeit ist aber nicht nur in Zusammenhang mit Alkoholisierung oder Müdigkeit zu beachten, sondern auch bei anderen körperlichen Beeinträchtigungen wie verringerter Sehfähigkeit, bei der das Nichttragen der Brille oder Kontaktlinsen vorwerfbar sein kann, auch wenn das Tragen einer Sehhilfe gemeinsam mit der Skibrille erschwert sein mag.
Die erste der zehn FIS-Regeln wohnt in gewissem Sinne auch dem Großteil der anderen Regeln inne, da sie jeweils als Auslegungsmaßstab und -hilfe herangezogen werden kann[101].

---

[101] Dambeck, Piste und Recht, S. 77

FIS-Regel 2

„Jeder Skifahrer muss auf Sicht fahren. Er muss seine Geschwindigkeit und Fahrweise seinem Können und den Gelände-, Schnee-, und Witterungsverhältnissen sowie der Verkehrsdichte anpassen."

Würde sich jeder Fahrer an diese Regel halten, könnte wohl ein Großteil der Skiunfälle verhindert werden. Die meisten Skiunfälle, wie auch im Straßenverkehr zu beobachten ist, lassen sich auf überhöhte Fahrgeschwindigkeit und/oder Aufmerksamkeits- und Beobachtungsmängel zurückführen[102].

Das Fahren auf Sicht ist bereits vom Straßenverkehr bekannt. Der Skifahrer muss seine Fahrgeschwindigkeit so wählen, dass er auftauchende Hindernisse früh genug erkennt **und** nach deren Wahrnehmung auch genug Zeit hat, davor noch anhalten zu können. „Gesehenes berücksichtigen" (können) und „nicht einsehbare Stellen nicht als hindernisfrei bewerten"[103] treffen die Verpflichtung des Skifahrers nach dieser Regel präzise. Auf eine erkannte Gefahr muss entsprechend reagiert werden.

Ein konkreter Fall[104] zeigt einen Skifahrer, der zwar eine Gruppe von Kindern bei ihrer Passierung einer Engstelle beobachtete und sehen konnte, dass sie größte Probleme dabei hatten, nach seinem Sturz an ebendieser Stelle trotzdem vom Pistenhalter Schadenersatz verlangt hat, weil der Zustand der Piste nicht ausreichend sicher gewesen wäre. Der OLG stellte dazu fest, dass ein Anspruch gegen den Pistenhalter nicht besteht, weil er schon vor dem Befahren der Piste feststellen konnte, dass es sich um einen schwierigen Abschnitt handelt und er eben deshalb besonders vorsichtig diese Stelle passieren hätte müssen. Auch wenn er an dieser Stelle durch einen Sturz einen anderen verletzt hätte, wäre ihm zumindest ein Teil des Verschuldens zugefallen.

---

[102] Pichler, Rabofsky, ZVR 1990, 35.

[103] Welser in Sprung/König, Skirecht 462.

[104] OLG Innsbruck vom 28.2.1995, 1 R 25/95, Greiter, S. 71, ohne jedoch das Mitverschulden ausdrücklich auf den Verstoß gegen die FIS-Regel zu begründen.

Besondere Gefahrensituationen entstehen immer wieder im Bereich von Kuppen, nach denen sich langsamere Skifahrer oder Gestürzte, u.ä. aufhalten und die in der Folge vom „über die Kuppe brausenden" Skifahrer einfach erst zu spät wahrgenommen werden können und somit ein Zusammenprall unvermeidbar wird.
Nur zu oft ist zu beobachten, dass sich Skifahrer mit solcher Geschwindigkeit einer Kuppe oder uneinsichtigen Stelle annähern, dass ein Abbremsen vor einer möglicherweise dahinter befindlichen Gefahr unmöglich wird. Die Ausrede: *„Da hätte ja gar keiner sein dürfen!"*, als Anspielung auf FIS-Regel 6 kann dabei nicht greifen, da es unvorhersehbare und rechtfertigende Ursachen[105] für ein Verweilen an solchen Plätzen gibt, und gerade darauf FIS-Regel 2 abzielt.
Das Anpassen der Fahrgeschwindigkeit ist eine weitere Pflicht nach dieser Regel. Die gewählte Geschwindigkeit muss nicht nur dem eigenen Fahrkönnen und körperlichen Vermögen entsprechen, sondern auch den äußeren Umständen wie Sichtweite, Schnee- und Pistenverhältnisse (Präparierung), Verkehrsdichte usw. Dazu zählt, dass auf dichter befahrenen Pisten langsamer gefahren werden muss, da man die Vielzahl der Gefahrenquellen (andere Skifahrer) sonst unmöglich im Auge behalten und deren Verhalten einschätzen kann. Auf Hängen für Anfänger ist mit besonderer Aufmerksamkeit, also auch langsamer zu fahren, da gerade bei Skianfängern mit unkontrollierten Stürzen u.ä. gerechnet werden muss.
Wo ebenfalls eine verminderte Geschwindigkeit eingehalten werden muss, ist im Bereich von Warteschlangen vor Liften. Dort wie auch im Annäherungsbereich muss mit erhöhter Achtsamkeit gefahren werden, da es bei Bremsmanövern besonders bei schlechteren Skifahrern, aber auch fortgeschrittenen immer wieder zu Stürzen als Folge von Verkanten oder anderen Fahrfehlern kommt. Darüber hinaus ist oft der Bereich, wo abgebremst wird, aufgrund von Ausrutschungen eisig oder beson-

[105] im Detail siehe unten FIS-Regel 6.

ders uneben, sodass bei Unachtsamkeit oft Stürze passieren. In einem solchen Fall muss die Geschwindigkeit so gewählt werden, dass der unkontrolliert Stürzende noch vor der Liftschlange anhält und nicht in dieselbe hineinrutscht.
Dass acht von zehn Skifahrern, die in einen Kollisionsunfall verwickelt sind, angeben, dass sie den Kollisionsgegner gar nicht oder erst wenige Meter vor dem Kollisionspunkt bemerkt haben, wo ein Reagieren oder gar Ausweichen nicht mehr möglich war,[106] zeigt, welche Rolle Aufmerksamkeits- und Beobachtungsfehler bei derartigen Unfällen spielen.
Wie im Straßenverkehr ist auch beim Skifahren ein Phänomen ähnlich dem Tunnelblick bekannt. Je höher die Geschwindigkeit, desto enger wird das Gesichtsfeld. Beim Skifahren besonders bedeutsam ist dies bei hoher Geschwindigkeit deshalb, weil der so den Berg Hinunterrasende sprichwörtlich kein Auge mehr für seine Umgebung und damit seine potentiellen Kollisionspartner hat. Bei höheren Geschwindigkeiten liegt des Skifahrers Augenmerk hauptsächlich auf der Fahrlinie, da ein Austarieren von Unebenheiten, seien sie nun präparierungs- oder geländebedingt, bei höheren Geschwindigkeiten naturgemäß schwieriger wird.
Das so verkleinerte Gesichtsfeld beeinträchtigt also ebenfalls die Wahrnehmung und löst einen haftungsrelevanten Verstoß gegen die FIS-Regeln aus. Die Aussage im Prozess: *„Den hab ich überhaupt nicht kommen gesehen!“*, oder *„Plötzlich war der da!“*, indizieren für den Richter regelmäßig überhöhte Geschwindigkeit oder zumindest unzureichende Aufmerksamkeit.

FIS-Regel 3

„Der von hinten kommende Skifahrer muss seine Fahrspur so wählen, dass er vor ihm fahrende Skifahrer nicht gefährdet.“
Beim Skifahren hat der vordere Skifahrer also Vorrang. Das ergibt sich aus der Natur des Sports. Des Skifahrers natürliche Blickrichtung ist

---

[106] Pichler, Rabofsky, ZVR 1990, S. 35.

nach vorne, also regelmäßig talwärts orientiert. Er hat somit in seinem Gesichtsfeld die langsameren vor im zu Tale fahrenden Skifahrer. Daraus ergibt sich seine Pflicht, sich nach deren Verhalten eine Spur zu wählen, die für diese nicht gefährlich ist. Dass der langsamere bzw. vordere Fahrer nicht Nachrang haben kann, ist nahe liegend. Demnach müsste er sich bei jeder Richtungsänderung an dem von hinten herannahenden Verkehr orientieren. Ein Umdrehen während der Fahrt kann nicht verlangt werden, da es bedeuten würde, dass der Skifahrer auf Hindernisse in seiner Fahrlinie zu der Zeit nicht achten kann und bildet somit ein erhöhtes Risiko für ihn und Nachkommende.

Richtigerweise hat der so Benachrangte auf den Vordermann zu achten und im Falle eines Überhol- bzw. Vorbeifahrmanövers darauf zu achten, dass ein ausreichender Sicherheitsabstand eingehalten wird. Der von oben kommende Skifahrer hat „mit allen Bewegungen zu rechnen, die vernünftiger- (=vorausschauender-)weise vom unteren Fahrer im jeweiligen Gelände erwartet werden müssen."[107]

Was vom vorausfahrenden Skifahrer alles erwarten kann und muss, ist strittig. Mit einem Sturz des Vordermannes muss auf alle Fälle gerechnet werden, da ein solcher ja beinahe in der Natur des Skisports liegt. Kommt der Überholte während des Überholvorgangs, auch ohne Einwirken des Überholenden, zu Sturz und kollidiert mit dem an ihm Vorbeifahrenden, trifft für Verletzungen durch diese Kollision den Vorbeifahrenden die Schuld, da dieser seine Fahrlinie so hätte wählen müssen, dass er auch dem Stürzenden sicher hätte ausweichen können. Der Sturz ist sozusagen ein zu erwartender Vorgang, mit dem von Schnelleren gerechnet werden muss.

Fraglich ist, ob mit allen Manövern des Vordermannes gerechnet werden muss, da dies zu einer selbstherrlichen Fahrweise verleiten würde. Verlässt sich ein Skifahrer darauf, dass von hinten nichts kommt, oder wenn etwas kommt, dass es ohnehin auf ihn aufpassen muss, nehme

---

[107] Dambeck, Piste und Recht, S. 104.

ich demjenigen die Verantwortung für seine Fahrmanöver. Eine plötzliche hakenähnliche Richtungsänderung kann vom Hintermann z.B. nicht immer 100% einkalkuliert werden, dabei ist mE eine Rücksichtnahme auch desjenigen zu fordern, der solcherart seine Fahrlinie wählt. Es kann nicht zu viel verlangt sein, dass er sich vor solchen nicht zu erwartenden Fahrmanövern nach hinten und seitlich orientiert, ob das restliche – auch von oben kommende - Verkehrsgeschehen sein Vorhaben überhaupt zulässt.
In diesem Zusammenhang ein Abstecher zum „Problemkreis" Snowboarder. In der Anfangszeit dieser ehemaligen Trendsportart, die mittlerweile vom Carving und Freeriding an Aktualität eingeholt wurde, waren die Manöver der Boarder für den Rest der Skifahrer unberechenbar weil neu. Die Möglichkeiten an Richtungsänderungen waren dem „klassischen" Skifahrer unbekannt und somit die Wahl einer sicheren „Überholspur" anfangs unmöglich, was zu häufigen Zusammenprallen führte.
Ich denke mittlerweile sind Snowboarder ein Teil des Pistenalltags und dem Skifahrer ist mittlerweile bekannt, was von Boardern zu erwarten ist, die auch schon ein eigenes Regelwerk ihr Eigen nennen. Denkbar ist eine Art Vertrauensgrundsatz, der in der Judikatur bisher jedoch noch nicht Einzug gefunden hat.
Zum bereits erwähnten Carving gibt es in der Lit. Stimmen, die einen größeren Sicherheitsabstand beim Überholen nahe legen wollen[108]. Dem ist deutlich entgegenzutreten. Von der Unzumutbarkeit abgesehen, die es darstellt, den Überholvorgang auf den Skityp des Vordermannes, der darüber hinaus wohl kaum erkennbar sein wird, abzustimmen, ist die Feststellung, Carvingskier seien aufgrund ihrer geringeren Länge „labiler um die Mittelachse" und dadurch bestehe für schwächere Skifahrer schon bei geringerer oder mittlerer Geschwindigkeit höhere Sturzgefahr durch Verschneiden, schlichtweg falsch und in der Praxis widerlegt. Dass darüber hinaus beim Verschneiden durch den geringen Radius der

---

[108] Gschöpf H., ZVR 1999, S. 44.

Carver eine größere Seitenversetzung zu erwarten ist, trifft ebenfalls nicht zu.
Auch der Skianfänger bzw. schwächere Skifahrer kann auf Carvingski die von ihm angewandte und bevorzugte „Technik" des seitwärts Abrutschens oder des Stemmpfluges gefahrlos anwenden. Die Praxis zeigt, dass ein Anfänger auch auf Extremcarvern (Radien unter 15 Meter) sicher die Talstation erreichen kann, und kein erhöhtes Risiko für den Rest der Pistenbenutzer darstellt.
Das Problem des Verschneidens durch Verkanten ist beim Anfänger schon allein deshalb nicht immanent, da er nicht in der Lage ist, die Ski dermaßen aufzukanten und dabei zu belasten, dass es zu einem Verschneiden kommen kann, bei dem genug Druck generiert wird und es zu einem erheblichen Seitenversetzen kommen kann, wie es etwa von Bildern aus dem Skirennsport bekannt ist. Auch wenn – wie erwähnt – ein schwächerer Skifahrer mit einem Extremcarver sicher seine Abfahrt bestreiten kann, ist es für ihn nicht empfehlenswert, da der Aufwand, körperlich wie auch technisch, für ihn sicherlich größer ist und das den Spaßfaktor mindert.
Des Weiteren meint der Autor, dass Bewegungen von Carvern, er spricht ausdrücklich gute Carver an, für nachkommende und seitliche Skifahrer überraschend sein können. Auch dem muss entgegnet werden, dass beim Beherrschen der Carvingtechnik keine ruckartigen, sondern vielmehr sehr rhythmische Schwungwechsel stattfinden, die in keinster Weise den Nachkommenden oder jemanden auf der Seite überraschen, sondern höchstens in Erstaunen versetzen. Wie erwähnt kann beim Überholen nicht auf die Skiart des Überholten Rücksicht genommen werden, zumal viele der Carvingmanöver schon früher von sehr geübten Skifahrern ausgeführt werden konnten, wenn auch vielleicht nicht in diesem Tempo. Glücklicherweise kommt der Autor (FN 42) schlussendlich doch zu dem richtigen Schluss, dass das Regulativ der FIS-Regeln trotz neuer Techniken nach wie vor ausreichend ist.

FIS-Regel 4

„Überholt werden darf von oben oder von unten, von rechts oder von links, aber immer mit einem Abstand, der dem überholten Skifahrer für alle seine Bewegungen genügend Raum lässt."

Es gilt das schon zuvor zu FIS-Regel 3 Gesagte. In dieser Regel wird festgehalten, was in der Natur des Skisports liegt, nämlich dass es keine fixen „Überholspuren" geben kann, und der Tatsache Rechnung getragen, dass Überholmanöver im Skisport an der Tagesordnung stehen. Aufgrund der Geländeneigungen, zu denken wäre z.B. an abhängende Querfahrten, kann sich ein Überholvorgang an allen Flanken des Überholten abspielen, und dieser wird in dieser Regel auch darauf vorbereitet.

Das Betonen von „für alle ... Bewegungen genügend Raum lässt" darf meines Erachtens nicht dazu führen, für langsame Skifahrer Narrenfreiheit gelten zu lassen, sondern muss im Zusammenspiel mit FIS-Regel 1 relativiert werden. Ein freies und unbekümmertes Wählen der Fahrlinie kann nur mit Rücksicht auf andere Skifahrer einhergehen, da sonst auf stark frequentierten oder engen Passagen ein sicheres Vorbeifahren an langsameren Skifahrern gar nicht möglich wäre. Es darf auch nicht so weit kommen, dass sich der langsame(-re) Skifahrer gar nicht um Geschehnisse hinter sich schert, ist doch einem Langsameren gelegentliches Umsehen durchaus zumutbar, da sich ihm Hindernisse ohnedies nicht so schnell nähern.

Zu näherer Betrachtung nötigt der geforderte „genügende Raum", der dem Überholten für seine Bewegungen gelassen werden soll. Dieser ist nicht wie im Straßenverkehr eine fixe Größe (1,5 Meter + Tacho), sondern kann von Fall zu Fall verschieden sein. Wann der gefahrene Abstand bei einem Überholvorgang als ausreichend angesehen werden kann, bedarf einer „orts- und situationsbezogenen Relativierung durch eine Reihe von Faktoren: Breite, Steilheit, Präparierungszustand der Piste, Schneebeschaffenheit, Fahrkönnen, Geschwindigkeiten und

Fahrweise der Skiläufer, Sichtverhältnisse, Verkehrsdichte."[109] Daraus folgt, dass bei ungünstigen Konstellationen sogar ein Überholverbot besteht, z.B. bei schlechter Sicht und schmaler Piste, in anderen Situationen mit sogar sehr geringem Seitenabstand überholt werden darf, ohne dass dies vorwerfbar wäre.

FIS-Regel 5

„Jeder Skifahrer, der in eine Skiabfahrt einfahren oder nach einem Halt wieder anfahren will, muss sich nach oben und unten vergewissern, dass er dies ohne Gefahr für sich und andere tun kann."

In diesen Fällen hat der „untere" Skifahrer Nachrang. Seine Pflichten korrelieren mit den Pflichten des von oben kommenden, der, sobald sich der Einordnende wieder auf der Piste befindet und in Fahrt ist, wieder seinen Nachrang nach FIS-Regeln 3 und 4 zu beachten hat.

Er hat dafür Sorge zu tragen, sich sicher in den Pistenverkehr[110] einzuordnen. Das heißt, dass durch sein Anfahren der Abfahrende nicht zu Ausweich- oder Bremsmanövern genötigt werden darf, und somit Kollisionen oder Quasikollisionen auftreten. Als Quasikollision ist ein Sturz zu verstehen, der als Folge eines solchen unerwarteten Brems- oder Ausweichmanövers eintritt, weil der zum Reagieren genötigte Abfahrer die Kontrolle verliert.

Dass diese Verpflichtung den stehenden Skifahrer trifft, ist leicht erklärbar. Der untere Skifahrer hat in den übrigen Regeln - wie bereits dargestellt - deshalb Vorrang, weil ihm ein Umsehen nach hinten bzw. oben nicht ohne Selbstgefährdung möglich und zumutbar ist. Dem Stehenden hingegen kann durchaus Rundumblick aufgetragen werden, muss dieser ja nicht seine Aufmerksamkeit auf eine Fahrspur richten. Die Kollisionsvermeidung ist somit demjenigen aufgetragen, dem es unter diesen Umständen leichter möglich ist.

---

[109] OGH, 13.06.1990, 11 Os 60/90.

[110] im Kommentar der FIS wird das durch die Phrase „Verkehrsfluss auf der Abfahrt" bezeichnet.

Die Konstellation, dass der Einordnende behaupten wird, er habe sich bereits wieder im „Fluss" befunden und wurde vom oberen Skifahrer gerammt, der in diesem Fall wieder Nachrang hat, liegt nahe und geschieht häufig. Glücklicherweise können Geschwindigkeitsunterschiede, Eintreffwinkel und andere den wahren Unfallhergang aufklärende Umstände anhand von Verletzungseigenheiten teilweise nachvollzogen werden. Nichtsdestotrotz bleibt der tatsächliche Unfallhergang oft unbekannt, da die Spurensuche und Spurensicherung nicht wie im Straßenverkehr gehandhabt werden kann, weil die Spuren im Schnee naturgemäß vergänglich sind.

Ebenfalls unter FIS-Regel 5 fällt das Problem der kreuzenden Pisten. Dem Skisport ist ein Rechtsvorrang, vergleichbar mit dem in der StVO, nicht bekannt.[111] Allgemein sei festgehalten, dass Skifahrer auf erkennbar untergeordneten Skipisten Nachrang haben[112]. Die Erkennbarkeit liegt regelmäßig im Größenunterschied.

Zumeist verbinden sich zwei Pisten zu einem Pistenstrom. Die Judikatur nimmt zumeist Gleichrangigkeit zwischen den aufeinander treffenden Pisten an und hält die Skifahrer zumeist zu erhöhter Aufmerksamkeit beiderseits an, der FIS-Regel 1 entsprechend.

Beim Bestehen von Vorrangtafeln ergibt sich diese Frage nicht mehr. Der Abfahrer auf der Piste mit Vorrang darf auf diesen auch vertrauen.

Exkurs: Der „querende" Skifahrer

In der ursprünglichen Version der FIS-Regel 5[113] war darüber hinaus noch der Nachrang des die Piste querenden Skifahrers festgehalten:

„Jeder Skifahrer, der in eine Abfahrtsstrecke einfahren *oder ein Skigelände überqueren* will, muss sich nach oben und unten vergewissern,

---

[111] OGH 7 Ob 592/85 in ZVR 1986/135.

[112] EvBl 1976/154.

[113] diese wurde beim FIS-Kongress in Montreux 1990 geändert.

dass er dies ohne Gefahr für sich und andere tun kann. Dasselbe gilt nach jedem Anhalten."

In der aktuellen Version ist der Passus das Queren betreffend weggelassen worden. Dennoch bestehen für diesen besondere Verhaltensregeln. Diese ergeben sich ua. aus dem § 8 des POE:

„...Der Skifahrer ist nicht verpflichtet, während der Fahrt die Läufer hinter sich zu beobachten, jedoch hat der die Piste querende Skiläufer auch nach oben zu beobachten und auf von oben kommende Läufer Rücksicht zu nehmen."

Eine Änderung ihrer Regeln war von der FIS deshalb vorzunehmen, weil gerade dieser Passus in den mit dieser Materie befassten Ländern zu unterschiedlichsten Auslegungen und Anwendungen gelangt ist. Im Sinne der Rechtsvereinheitlichung, den die FIS mit dem Aufstellen der FIS-Regeln und deren Kommentierung erreichen will, wurde der Passus den querenden Skifahrer betreffend ausgelassen, was nicht bedeutet, das für diesen Fall kein Regelungsbedarf besteht.

Warum der querende Skifahrer eine Sonderstellung inne hat, erklärt sich aus der Besonderheit seiner Fortbewegung. Das Queren ist laut Definition[114] die Fortbewegung eines Skifahrers, der „in flacher Hangschrägspur mit geringem Höhenverlust – Winkel zur Pistenhorizontale bis etwa 15 Grad – über die ganze oder einen größeren Teil der Piste fährt. Der querende Skifahrer hält eine von der allgemeinen Abfahrtsgrundrichtung verschiedene Fahrlinie ein und schneidet so den allgemeinen Pistenverkehrsstrom." Das ist wohlgemerkt die österreichische Definition, die international uneinheitliche Auslegung[115] des Ausdrucks „Skigelände

---

[114] Pichler – Holzer, 172.

[115] siehe z.B. für Deutschland: Dambeck, Piste und Recht, S. 124f: Er fordert einen beinahe waagrechten Bewegungsverlauf im Verhältnis zu Pistengefälle und darüber hinaus Schritttempo. Geht das Tempo über Schritttempo hinaus, spricht er wieder von einem Fahren, wobei dann wieder die FIS-Regeln 2 bis 4 zur Anwendung kämen, und Nachrang für die von oben kommenden auslösen würden. Für die Schweiz: Stiffler, Skirecht, 47: Stiffler meint, dass als Queren nur ein Traversieren der gesamten Piste, um zum anderen Ende zu gelangen, gesehen werden kann. Mit zutreffender Kritik dazu in Pichler –Holzer, 173: es kann an den Tatbestand des

überqueren" veranlasste schließlich die FIS zu einer Änderung in Form von Aussparung.

Die uneinheitliche Anwendung der alten Fassung der FIS-Regel 5 ging sogar so weit, dass nicht einmal ihr Regeltext einheitlich in der Skirechtsliteratur wiedergegeben wurde.[116] Manche fügten ein „traversieren" ein, andere ergänzten die Regel etwas: „...muss sich *zuvor* nach oben...", was deren Inhalt aber vollkommen veränderte.

Wenn vom querenden Skiläufer nur verlangt wird, dass er sich vor der Querung der Piste nach oben vergewissert, wären seine Pflichten gleich denen des losfahrenden oder in die Piste einfahrenden Skifahrers, was seine besondere Erwähnung überflüssig machen würde.

Aus dem geringeren Höhenverlust ergibt sich, dass ein „Querer" wohl langsamer unterwegs sein muss, als ein „normaler" Abfahrer. Wegen der deutlich geringeren Fahrdynamik gilt für ihn auch nicht der Schutzgedanke, er brauche sich zur Vermeidung einer Selbstgefährdung nicht umzudrehen bzw. nach oben zu orientieren, was ihm, da seine Spur nicht der Falllinie folgt, sondern eben quer dazu, auch physiologisch leichter fällt[117]. Ein gewisser Teil des von oben sich annähernden Verkehrs befindet sich sogar in seinem Gesichtsfeld, auch – oder gerade – wenn er seine Querspur beachtet. Die Pflicht, auf Vorgänge in diesem zu reagieren ergibt sich aus FIS-Regel 2, die beim Fahren auf Sicht auch beinhaltet, auf Wahrnehmbares zu reagieren.

In diesen Fällen ist eine eigene Regel demnach gar nicht notwendig. Quert der Skifahrer mit sehr langsamer, also Schrittgeschwindigkeit, die Piste, stellt er schließlich keine größere Gefahrenquelle dar, als ein stehender Skifahrer. Für ihn kann demnach kaum eine besondere Nachrangigkeit festgestellt werden.

Querens kein subjektives Element angeknüpft werden. Will man zu einem hilfreichen Ergebnis gelangen, muss das für die anderen wahrnehmbare Verhalten ausschlaggebend sein.

[116] Pichler in ZVR 1988/65, FN 1 bis 7.

[117] Dambeck, Piste und Recht, S. 125.

Außerdem kann aufgrund des geringeren Gefälles, das er sich zu nutze macht, schneller angehalten werden, was zur Vermeidung von Kollisionen auch von ihm verlangt wird. Wegen seiner Fremdbewegung zum restlichen Pistenstrom wird er zu erhöhter Vorsicht angehalten, auch wenn die von oben Kommenden an die FIS-Regeln 1-4 gebunden sind und weiterhin auf ihn achten müssen.

Ein eindeutiger Nachrang, der ein Außerkrafttreten der FIS-Regel 3 zur Folge hat, wie ihn die Rechtsprechung[118] beim Bestehen der alten Fassung der FIS-Regel 5 noch festgestellt hat, kann nicht mehr angenommen werden. Beim Bestehen der alten FIS-Regel wurde angenommen, dass die „allgemeine Vorrangregel" der FIS-Regel 3 durch die „spezielle Vorrangregel" FIS-Regel 5 durchbrochen wurde[119], folgend dem Grundsatz „lex specialis derogat legis generalis".

In der österreichischen Rechtsprechung wird im Anschluss an die hL mehrfach festgestellt, dass der die Piste Querende den von oben kommenden Verkehr zu beachten hat, obwohl die FIS-Regeln auf die Regelung des Querens mittlerweile verzichten.[120] Diese Pflicht wird vielfach auch dem Verweis auf § 8 POE festgestellt, obwohl das zur Feststellung der Rechtswidrigkeit nicht unbedingt notwendig ist.

Richtig ist die Feststellung einer erhöhten Pflicht zur Aufmerksamkeit des die Pisten Querenden deshalb, weil das Queren durch das Schneiden der Fahrlinie gleich mehrer anderer, die ihre Fahrlinie mehr an der Falllinie orientieren, eine besondere Gefahrenquelle darstellt, und es dem Querenden darüber hinaus aufgrund seiner Fahrtrichtung und dem damit gerichteten Sichtfeld möglich ist, die von oben Kommenden zu beachten (wenn auch nicht ständig zu beobachten) und gegebenenfalls

---

[118] OGH 25.11.1971, SZ 44/178 = RZ 1972, 109 = ZVR 1973/66; OGH 26.4.1973, 6 Ob 89/1973; OGH 16.6.1982, ZVR 1983/9.

[119] Pichler in ZVR 1988/66.

[120] erstmals: OGH 24.05.1989, 3 Ob 542/89 aktueller: OLG Graz 15.03.1994, 1 R 4/94, SpuRt 1994, 140.

zu reagieren. Dies entspricht jedoch einem allgemeinen Sorgfaltsgrundsatz.

Das Abgehen von einer Rechtssprechung, die eine Nachrangregelung für den Querenden festlegt[121], war aus mehreren Gründen begrüßenswert. Der Wechsel der Rechtssprechung vom Nachrang hin zu einer Sorgfaltspflicht geschah noch während die alte Version der FIS-Regel 5 in Geltung war.

Beim Festlegen einer Vorrangregel muss auf tatsächliche Begebenheiten im Skisport höchstes Augenmerk gelegt werden. Dem tragen die FIS-Regeln Rechnung. Logisch ist, dass ein nachfolgender, schnellerer Skifahrer auf den vor sich fahrenden, langsameren Skifahrer Rücksicht nehmen muss und benachrangt wird.

Umgekehrt wäre es dem vorderen Skifahrer schon allein aus Beobachtungsgründen unmöglich, einen Vorrang des von hinten kommenden Skifahrers zu beachten. Genauso verhält es sich mit dem Nachrang des wieder Anfahrenden oder des in die Piste Einfahrenden, der sich in den fließenden Verkehr einzuordnen hat, ohne diese Skifahrer zu gefährden.

Den faktischen Begebenheiten trägt die Rechtssprechung mittlerweile Rechnung: sie berücksichtigt die Tatsache, dass es dem Querenden aufgrund der – wie bereits dargestellt – geringeren Fahrdynamik schwerer möglich ist, ein Ausweichmanöver auszuführen. Darüber hinaus ist die meist gerade Fahrlinie des Pistenquerenden für den von oben Kommenden leichter vorherzusagen als die des von oben kommenden sich in Schwüngen annähernden Skifahrers.[122]

Eine Rechtswidrigkeit des Verhaltens des querenden Skifahrers ergibt sich bei einem Unfall, der bei gehöriger Aufmerksamkeit des Querenden vermieden werden hätte können, deshalb, weil eine Interessenabwägung[123] zwischen seinem Interesse an Bewegungsfreiheit und der Zumutbarkeit, die auch die Möglichkeit eines Beobachtens des von oben

---

[121] FN 118.

[122] so auch Pichler – Holzer, 175f.

[123] Koziol - Welser, II[11], S. 283.

kommenden Verkehrs in sich trägt, eindeutig ergibt, dass es für ihn leicht möglich ist, bis zu einem gewissen Maße den Verkehr, der von oben kommt, zu beobachten und darauf zu reagieren. Es trifft ihn somit kein Nachrang, vielmehr eine besondere Beobachtungs- und Vorsichtspflicht[124]. Seine Position in Relation zur Falllinie gibt ihm die Möglichkeit – anders als beim abfahrenden Skifahrer, dessen Blick meist talwärts gerichtet sein wird und bei dem ein Umdrehen kaum möglich ist, ohne dass er sich selbst gefährdet – sich auch nach oben zu orientieren, ohne seine eigene Spur außer Acht zu lassen bzw. sich selbst in eine gefährliche Situation zu bringen.

Es entspricht dies somit einem zumutbaren und damit gebotenen Verhalten, auch wenn die FIS-Regeln als Verhaltensregeln für Skifahrer nicht mehr so weit gehen, das vorzuschreiben. Unterlässt er dieses unfallpräventive Verhalten, begründet dies laut hRspr regelmäßig sein Mitverschulden[125], da der prinzipielle Nachrang des von oben Kommenden, der weiterhin aufrecht ist, parallel mit der Sorgfaltspflicht des Querenden verstanden wird, und somit die Pflichten dieser beiden korrelieren und sich ergänzen.

Das Mitverschulden des Querenden ist aber regelmäßig kleiner als das des von oben Kommenden, meist geteilt im Verhältnis 1:2 zu Gunsten des querenden Skifahrers[126]. Kein Verschulden trifft den Querenden, wenn er beim Erkennen einer vermeintlich gefährlichen Situation ein Brems- oder Ausweichmanöver macht, und der abfahrende Skifahrer gerade deshalb mit ihm kollidiert, weil er mit einem solchen nicht gerechnet hat. Das ergibt sich aus FIS-Regel 4, nach der der Skifahrer mit einem solchen Abstand überholen muss, der dem Überholten Raum für alle seine Bewegungen lässt.[127]

---

[124] Pichler – Holzer, 177.
[125] OGH 15.2.1984, JBl 1984, 673; OGH 21.6.1983, RZ 1984, 73.
[126] z.B. OGH 19.06.1986, 7 Ob 580/86.
[127] Pichler in ZVR 1988/67.

Vom Queren zu unterscheiden ist das Fahren auf der Piste, das zwar Bewegungen beinhaltet, die dem Queren beinahe gleichkommen, aber wo in weit ausholenden Bögen die Piste hinuntergefahren wird[128]. In solchen Fällen wird regelmäßig festzustellen sein, dass es sich nicht um ein Queren der Piste handelt, sondern um ein Abfahren:
Beim Vornehmen der Richtungsänderung, also während des Schwungs, kann keinesfalls ein Orientieren nach oben, respektive hinter sich, verlangt werden, um sich zu versichern, ob der eingeschlagene Weg auch kein Risiko für andere birgt. Befindet sich jedoch der Fahrer zwischen zwei Bögen, und diese Fahrt kann von einem Pistenrand zum anderen sein, wo er dann wieder zu einem Bogen ansetzen würde, so unterscheidet sich seine Bewegung nicht von der eines Querenden, der eben am Pistenrand keinen Bogen machen wird. Kann also, trotz gleicher Bewegungen über 20-30 Sekunden hindurch, das Vorhandensein eines Bogens vor und nach der Querfahrt von der Sorgfaltspflicht, den von oben kommenden Verkehr zumindest zu beachten, befreien? Ich bin der festen Überzeugung, dass gleiche Bewegungen wie sie hier vorliegen, gleichgültig des Abfahrtswillens des Skifahrers (Queren oder lang gezogene Schwünge), gleiche Sorgfaltspflichten auslösen müssen.
Während der Richtungsänderung, die der Abfahrer in langen Bögen vornimmt, trifft ihn naturgemäß keine Pflicht zur Umsicht, weil ihm dies, wie bereits dargelegt, schon rein physiologisch unzumutbar ist, und er genießt Vorrang vor dem von oben Kommenden.
Doch während seiner Querfahrt zwischen den Bögen ist er nichts Anderes als ein Querender der Piste, mit der gleichen Orientierung des Gesichtsfeldes, die es dem „normalen“ Querenden auch möglich macht, den Verkehr von oben zu beachten, was seine Verpflichtung auslösen sollte. Es gilt für ihn die gleiche Abwägung der Zumutbarkeit wie für den Querenden. Die Tatsache, dass ich mich zwischen zwei Schwüngen befinde, die schließlich 30 sek auseinander liegen können, befreit mich

[128] OLG Linz, 3 R 90/99x; LG Innsbruck 15.09.1992, 5 Cg 1991/90.

nicht von der Aufgabe, nach oben Acht zu geben. Die Zumutbarkeit der Umsicht ist in diesem Fall sicherlich gegeben und ein Abgehen von der herrschenden Rechtssprechung angezeigt.
Bedient sich ein Skifahrer solcher lang gezogener Bögen, wobei er sich ja nicht viel der beschleunigenden Schwerkraft zu nutze machen kann, kann uU angenommen werden, dass es sich um einen langsamen und auch schwächeren Skifahrer handelt, für den ein Umsehen nach oben tatsächlich ein Sicherheitsrisiko iSv. Selbstgefährdung darstellt. Auch wenn es sich um keinen schwächeren Skifahrer handelt, ist eine erhöhte Fahrdynamik ein Indikator dafür, dass erhöhte Achtsamkeit nach oben die eigene Sicherheit gefährden kann. Es bleibt also im Einzelfall die richtige Abwägung zu treffen, wobei im Auge behalten werden muss, dass grundsätzlich kein Unterschied zwischen Queren und querenden Schwüngen gemacht werden sollte.

Anders im folgenden Fall:

Carving und Queren
Die Modetechnik „Carving", das ein - wie der Name schon ausdrücken soll – Schneiden der Piste sein soll, kann durchaus dem Queren ähnlich sein, besonders weil bei dieser Technik vom Schwungansatz bis zum Schwungende auf der Kante des Skis durchgezogen werden soll, was zwangsläufig dazu führt, dass sich der Fahrer währenddessen auch in einer Position der Querfahrt wieder finden wird, die je nach Hangneigung und Skitailierung (beim Carvingski höchstens 26 Meter) an Länge variieren kann.
Trotz dieser neuen Technik, die ja an sich keine neue Technik, sondern schon seit langem im Rennsport, vor allem im Riesenslalom, angewendet wird und erst vor einigen Jahren Einzug in den Breitensport fand, ist eine Regeländerung oder Regelergänzung nicht notwendig. Die FIS-Regeln zeigen in diesem Fall ihre variable Anwendbarkeit und Anpassungsfähigkeit.

Im Zusammenhang mit dem Carving gibt es allerdings bereits fragwürdige Rechtssprechung[129]. In der Entscheidung des OLG Innsbruck wurde ein Verschulden einer Skifahrerin abgelehnt, die sich, bevor es zu Kollision kam, auf einer zumindest 30 Meter langen Schrägfahrt befunden hat. Als geübte Skifahrerin hat sie an einem Carvingkurs teilgenommen, um diese neue Technik zu erlernen. In dessen Rahmen musste sie auf der Kante ziehend von einem Pistenrand aus auf den sie am anderen Pistenrand erwartenden Skilehrer zufahren, was mE klar einem Queren der Piste entspricht.

Das Verschulden wurde ua mit der Begründung abgelehnt, dass sich die Skifahrerin vor der Wegfahrt versichert hat, dass von oben nichts kommt und somit ausreichende unfallvorbeugende Maßnahmen ergriffen hat – wie aktuell ihre Information nach 20 Meter Fahrt war, zeigt die Kollision – und weiters, weil es sich nach Ansicht des OLG um kein Queren im technischen Sinne handelt.

Gerade diese Feststellung scheint mir zweifelhaft. Es mag sein, dass die Absicht der Carvingschülerin nicht ist, die Piste zu queren, sondern abzufahren. Diese Art der Abfahrt ändert aber nichts an der Tatsache, dass sich ihre Bewegung von der des Hauptverkehrsflusses stark unterscheidet und sie somit sehr wohl ein erhöhtes Unfallrisiko darstellt. Für den von oben kommenden Skifahrer sieht sie in diesem Fall objektiv so aus wie eine querende Skifahrerin, und nicht wie eine Abfahrerin, der gegenüber er benachrangt ist. Er hat zwar nicht mehr wie früher[130] absoluten Vorrang, auf den er vertrauen kann, es kann aber nach wie vor verlangt werden, dass sich ein Querender nach oben orientiert und auf mögliche Gefahren achtet. Trotz ihrer Stellung als Schülerin in einer von einem Skilehrer geführten Gruppe ist sie nicht von den FIS-Regeln befreit[131].

---

[129] OLG Innsbruck, 4 R 206/98w.

[130] FN 129.

[131] OGH 7 Ob 721/86.

Die entscheidende Feststellung bei dieser Entscheidung ist, dass die Fortbewegung der Skifahrerin nicht als Queren eingestuft wurde, was meines Erachtens subjektiv so gewesen sein mag, für den Dritten aber nicht erkennbar, und gerade im technischen Sinne ein Queren darstellte, da sie nur über eine Pistenbreite zu ihrem Skilehrer fuhr, und sich eben nicht in einer Abfahrt bzw. zwischen zwei Schwüngen, befand.
Abschließend muss festgestellt werden, dass mittlerweile 85% aller aktuell verkauften Ski unter die Kategorie Carving fallen, und sich trotz dieser scheinbar so spektakulären Änderung der Technik weder die Natur des Skilaufs noch die Durchschnittsgeschwindigkeit, mit der sich die Massen dem Tal entgegen werfen, in den letzten Jahren meinen Beobachtungen zufolge nicht großartig geändert haben.
Meines Erachtens ist mit oder ohne Carving das gleiche Maß an Vorsicht und Achtsamkeit geboten, da das Carven nicht mehr als Sonderfall oder Sonderform des Skilaufs gewertet werden kann.

FIS-Regel 6

„Jeder Skifahrer muss es vermeiden, sich ohne Not an engen oder unübersichtlichen Stellen einer Abfahrt aufzuhalten. Ein gestürzter Skifahrer muss eine solche Stelle so schnell wie möglich freimachen."
Paradebeispiel für einen Verstoß gegen diese Regeln ist das „Rasten" hinter einer Kuppe. Besonders Skianfänger erkennen oft die Gefährlichkeit ihrer Pause hinter einer Geländekante nicht. Regelmäßig wird zwar auch desjenigen an dem Unfall ein Verschulden treffen, der über die Kante fährt, und mit den sich dahinter Aufhaltenden kollidiert, da er ja die FIS-Regel 2 befolgend auf Sicht hätte fahren müssen und in der Lage hätte sein müssen rechtzeitig anzuhalten. Hier zeigt sich jedoch abermals die Natur der FIS-Regeln, die nicht unbedingt Schuldige an einem Unfall ausmachen sollen, sondern Skiunfälle an sich verhindern wollen.
Hier, wie auch im Fall des querenden Skifahrers, treffen wieder zwei Pflichtenkreise aufeinander, deren Beachtung zu mehr Sicherheit, d.h.

weniger Unfällen, auf den Pisten führen würde. Als besondere Gefahr für den von oben Kommenden, der zwar auf Sicht fahren muss, stellt sich der hinter einer Kuppe oder einer anderen gefährlichen Stelle im Sinne dieser Regel Aufhaltenden deshalb dar, weil gewisse natürliche Geländeformationen, denen eine Skipiste oftmals folgen muss, ein Passieren mit nahezu Schrittgeschwindigkeit verlangen, dem zum einen die wenigsten folgen bzw. sogar folgen wollen.
Dazu kommt noch, dass an engen Stellen oft noch schlechte Pistenverhältnisse auftreten, da im Zuge von Staus oder der Schwierigkeit der Passage durch das Bremsen der Skifahrer die Piste eisig oder holprig wird, was ein kontrolliertes Ausweichen erschwert.
Ein weiterer Punkt ist der Überraschungsmoment, den ein plötzlich auftauchendes Hindernis darstellt. Manche rechnen, auch mit Vertrauen darauf, dass sich jeder exakt an die Regeln hält, damit, dass sich hinter einer Kuppe o.ä. kein Hindernis verbirgt, und sind mit der plötzlichen Situation nicht nur skifahrerisch überfordert.
Als enge oder unübersichtliche Stellen sind im Besonderen die schon erwähnten Geländekuppen anzuführen, aber auch nach Spitzkehren oder in Waldstücken können sich unübersichtliche Stellen ergeben. Enge Stellen können besonders auf Ziehwegen vorkommen.
Ein Verstoß gegen diese Regel löst in den meisten Fällen auf alle Fälle ein Mitverschulden des sich an solchen Stellen aufhaltenden Skifahrers aus. Alleinverschulden an Unfällen ist ihm nur in Konstellationen anzulasten, wo der abfahrende Skifahrer aufgrund besonderer Pistengegebenheiten zusammen mit einer besonders ungünstigen Wahl des Rastplatzes nichts zur Verhinderung der Kollision tun kann, beispielsweise am Fuße eines Steilhanges, der am Ende vereist ist, und so ein Anhalten unter Umständen unmöglich wird.
Die Wahl des Halteortes muss sorgsam getroffen werden. In besonders schwierig und hoch frequentierten Pistenabschnitten kann wohl von einem generellen Verbot anzuhalten gesprochen werden, da unter solchen Umständen die freie Wahl der Abfahrspur bei den meisten Skifah-

rern eingeschränkt sein wird. So auch die Rechtssprechung[132], die in diesem Fall ein Mitverschulden des Anhaltenden zu einem Drittel angenommen hat, weil er mitten in einer Pistenkreuzung, einem ohnehin verkehrsneuralgischen Punkt, angehalten hat.

Der stehende Skifahrer ist eindeutig ein Fremdkörper auf der Piste, auf den der von oben Kommende zwar der allgemeinen Vorrangregel gemäß zu achten hat. Ist ihm dies aber aufgrund widriger äußerer Umstände nicht möglich, muss eine Abwägung des Interesses des rastenden Skiläufers und der Sicherheit des fließenden Verkehrs ergeben, dass der Anhaltende seinen Rastplatz so zu wählen hat, dass er keinesfalls eine Gefahr für andere Skifahrer darstellt, wobei ich hier über die Einschränkung auf die „engen oder unübersichtlichen Stellen" hinausgehen würde. Zu denken ist an eine analoge Anwendung der FIS-Regel 6 auch auf verkehrstechnisch gefährliche Pistenabschnitte, wie es in der oben zitierten Entscheidung[133] ansatzweise geschehen ist.

Auf freier Piste kann beliebig ein Halt eingelegt werden.[134] Hier ist ein stehender Skifahrer kein größeres Hindernis als ein fahrender. Bleibt jedoch eine größere Gruppe, beispielsweise ein Skikurs, mitten auf der Piste stehe, kann das, je nach Anzahl der Schüler, durchaus eine empfindliche Störung des Verkehrsflusses darstellen, und sie wäre am Pistenrand besser angesiedelt.

Den gestürzten Skifahrer trifft nach dieser Regel die Pflicht, sich, wenn er an einer engen oder unübersichtlichen Stelle einen Unfall hatte, dort nicht unnötig lang aufzuhalten, sondern diese Stelle so schnell wie möglich zu verlassen. Unnötige Verzögerungen wären z.B. ein Adjustieren der durch den Sturz verrutschten Kleidung oder das Abklopfen von Schnee. Hierzu ist die gefährliche Stelle zu verlassen, um diese Vorkehrungen an sicherem Ort zu treffen. Auch das Einsammeln von verlorenen Ausrüstungsgegenständen wie Hauben oder Skibrillen muss mit

---

[132] OLG Innsbruck 1 R 87/75 in ZVR 1976/358.
[133] FN 132.
[134] Pichler – Holzer, 187; Welser in Sprung – König, 457.

äußerster Vorsicht vorgenommen und im Falle einer unabsehbaren Gefährdung anderer auf einen späteren Zeitpunkt verschoben werden, nachdem allenfalls entsprechende Absicherungsmaßnahmen getroffen wurden. Fährt ein von oben kommender Fahrer jedoch in den gerade erst nach einer Kuppe Gestürzten, haftet der von oben Kommende alleine, da er gegen eine FIS-Regel verstößt, wenn er nicht auf Sicht fährt[135], und ein Sturz einem Skifahrer zumeist nicht angelastet werden kann.

FIS-Regel 7

„Ein Skifahrer, der aufsteigt oder zu Fuß absteigt, muss den Rand einer Abfahrt benutzen."

Die Skipiste ist naturgemäß dem abfahrenden Skifahrer gewidmet, der auch den überwiegenden Großteil der auf der Pisten sich Aufhaltenden darstellt. Die FIS-Regel 7 trägt dem Rechnung, dass es auch andere Formen der Fortbewegung auf Pisten gibt.

Zuerst wird festgestellt, dass der Skifahrer, der auf der Piste aufsteigen will, grundsätzlich den Rand dafür benutzen muss. Das ergibt sich, weil er entgegen der Hauptflussrichtung des Verkehrs unterwegs ist, und so einen besonderen Störfaktor darstellt. Soweit zumindest die Kommentierung der FIS-Regel. In der Praxis ist es wohl so, dass aufgrund der geringen Geschwindigkeit, die ein Aufsteigender erreichen kann, er einen kaum größeren Störfaktor bilden wird, als ein stehender Skifahrer. Dies wohlgemerkt in Fällen, in denen er sich nicht gerade zum Zwecke des Aufstiegs auf der Piste befindet, und sich Aufstiegshilfen bedient.

In manchen Skigebieten[136] bedienen sich Tourengeher der vorhandenen Pisten, um die von ihnen angestrebten Gipfel leichter zu erreichen. In diesem Fall, wo sich die Spuren serpentinenartig über die Piste ziehen, und zumal eine Gruppe von fünf oder mehr Aufsteigern die Piste förmlich blockiert, ist eine Verbannung solcher Phänomene von Skipisten zu

---

[135]siehe FIS-Regel 2.

[136] Lokalaugenschein, 5.3.2000 im Skigebiet von Hintersee (Sbg).

fordern. Sie bilden tatsächlich eine erhöhte Gefahr für den Abfahrenden, hätten sich aber ohnedies gemäß der auf Pisten geltenden Regeln eine Spur entlang am Rand der Piste suchen müssen.

Ein erlaubter Aufstieg, auch mitten auf der Piste, ist beispielsweise, wenn nach einem Sturz der gestürzte Skifahrer zum Aufsammeln seiner während des Crashs zurückgelassenen Ausrüstungsgegenstände wieder die Piste hochsteigt. Er bildet wohl eindeutig keine größere Gefahr für die im Abfahren begriffenen Skifahrer, sondern vielmehr einen kalkulierbaren Faktor.

Fußgänger haben auf der Piste generell nichts verloren. Sie sind schon allein deshalb eine Gefahr für den Skifahrer, weil sie aufgrund ihrer Ausrüstung erhöht zum unkontrollierten Absturz neigen. Ein wesentlicher Grund, warum sie von der Mitte der Piste verbannt werden, ist, dass die von ihnen hinterlassenen Fußspuren in der sonst schön präparierten Piste ein erhöhtes Risiko für den Abfahrer darstellen. Im Freistaat Bayern werden Fußgänger von den Abfahrten in Skigebieten mit der Androhung von Bußgeldern in einer landesrechtlichen Vorschrift[137] fernzuhalten versucht[138].

In der alten Fassung der Pistenregeln wurden die Aufsteiger und Fußgänger bei schlechten Sichtverhältnissen überhaupt von der Piste verbannt und es wurde ihnen aufgetragen, daneben ihre Spur zu suchen. Da dies im alpinen Gelände oft aber gar nicht möglich war, hat man sich von dieser Regel verabschiedet.

FIS-Regel 8

„Jeder Skifahrer muss die Markierung und die Signalisation beachten."

Die Markierung der Piste erfolgt mit runden Schildern, die je nach Farbe den Schwierigkeitsgrad der Abfahrt indizieren sollen, die vor einem liegt.

---

[137] Art. 24 Abs. 5 Nr. 1 LStVG.

[138] Dambeck, Piste und Recht, S. 134.

Im Alpenraum hat sich die Richtlinie der Schweizerischen Kommission für Unfallverhütung auf Skiabfahrten und Loipen (SKUS) durchgesetzt:

Blau (leichte Piste)

Blaue Pisten dürfen 25% Längs- und Quergefälle nicht übersteigen, mit Ausnahme kurzer Teilstücke im Gelände.

Rot (mittelschwere Piste)

Rote Pisten dürfen 40% Längs- und Quergefälle nicht übersteigen, mit Ausnahme kurzer Teilstücke im Gelände.

Schwarz (schwere Pisten)

Pisten, welche die Maximalwerte für rote Pisten übersteigen, sind schwarz zu bezeichnen.

Fordert man eine Wahl der Piste dem eigenen Können angepasst, schießt man über das Ziel hinaus[139]. Beim Skifahren suchen viele ein Abenteuer und wollen ihre Grenzen erforschen. Nimmt man ihnen die Möglichkeit, dass eine Abfahrt mit ihrer Schwierigkeit sie an ihre Grenzen zwingt, nimmt man dem Sport einen wesentlichen Reiz. Egal wie schwer die Piste sein mag, bei besonnener und konzentrierter Fahrweise kann beinahe jeder Skifahrer ein für sich und andere ungefährlicher Teilnehmer auf Pisten sein. Mit seitwärts Abrutschen lassen sich die schwierigsten Eishänge bewältigen, wenn es sich dabei nicht gerade um die Hausbergkante bei Rennpräparierung handelt.

Gibt ein schwächerer Skifahrer aber auf vor allem Schwarzen Pisten nicht besonders Acht, kann es ihm seine Unachtsamkeit unter diesem für ihn besonders gefährlichen Umständen vorgeworfen werden, da er nicht nur sich selbst gefährdet, sondern als Stürzender auch eigentlich Unbeteiligte. Richtig die Entscheidung des OLG Innsbruck[140], der die Schadensersatzforderungen eines Skifahrers abwies, der auf einer schwarz markierten, steilen und harten Buckelpiste zu Sturz kam und

---

[139] Pichler – Holzer, 157; die der Pistenwahl einen eigenen Paragraphen des POE widmen.

[140] OLG Innsbruck, 8.10.1984, ZVR 1985/87.

sich verletzte. Er stützte seine Ansprüche gegen die Pistenhalter zu Unrecht auf unterlassene Pistensicherung.

Als Markierung der Piste ist darüber hinaus die Indizierung des Pistenverlaufs mit Schildern oder Holzpfählen mit geringem Durchmesser zu verstehen, was besonders bei Abfahrten oberhalb der Baumgrenze von besonderer Bedeutung sein kann, weil die natürliche Grenze, vor allem bei schlechten Wetterbedingungen wie Nebel oder Schneesturm, oft nur schwer auszumachen ist, und ein Abkommen der vom Pistenhalter betreuten und gesicherten Piste im hochalpinen Gelände eine besondere Gefahr darstellt.

Im Zusammenhang mit dem Beachten der Pistenrandmarkierung ist der Gedanke nicht abwegig, dass im Pistenrandbereich vorsichtiger gefahren werden muss, da ein Sturz darüber hinaus ein Verlassen des gesicherten Pistengeländes darstellt, und daher besonders gefährlich sein kann[141]. Ein Anpassen der Geschwindigkeiten am Rand der Piste kann ebenfalls als Beachten der Markierung gewertet werden, ist jedoch nicht uneingeschränkt zumutbar. Der Pistenrand kommt ja erst dann als Gefahrenquelle ins Spiel, wenn der Fahrer die Kontrolle verliert, z.B. beim Verkanten oder im Falle eines Sturzes. Das Stürzen liegt nun einmal in der Natur dieses Sports, aber es muss nicht immer mit dem Fall des Falles gerechnet werden. Daher wäre die Forderung nach einer Geschwindigkeitsanpassung im Annäherungsbereich des Pistenrands eine überzogene Sorgfaltsmaßnahme.

Unter der in der FIS-Regel „Signalisation" sind graphische Symbole und Schilder zu verstehen, die dem Pisten- aber auch Liftbenutzer konkretere Informationen über seine derzeitige Lage vermitteln. Die Optik dieser Schilder ist in zwei ÖNORMen[142] österreichweit einheitlich festgelegt.

Ein bloßer Verstoß gegen die auf den Schildern festgelegten Verhaltenvorschriften ohne Folge bleibt selbstverständlich ohne Konsequenz.

---

[141] König, Pistensicherung jenseits des Pistenrandes, ZVR 1986, 2.
[142] ÖNORM S 4611 u. ÖNORM S 4610 Teil 1.

Sollte es aber aufgrund eines solchen Fehlverhaltens zu einem Unfall kommen, stellt der Verstoß gegen die Beschilderung einen vorwerfbaren Mangel an schuldiger Vorsicht und Aufmerksamkeiten. Der Großteil der Beschilderung auf Skipisten dient zur Warnung der Skiläufer vor bevorstehenden Gefahrenstellen wie Kreuzungen aller Art oder Engstellen. Darauf hat der Skifahrer mit der Anpassung seiner Geschwindigkeit und Erhöhung seiner Aufmerksamkeit zu reagieren.

Fatale Folgen kann ein Missachten der Signalisation haben, wenn in gesperrte Hänge eingefahren wird. Die Sperrung erfolgt regelmäßig nicht nur zum Schutz des Skifahrers, der in diese Abfahrt einfahren will. In vielen Skigebieten gibt es Hänge, deren spezielle Lage sie besonders lawinengefährlich macht, und die erst nach einer Absprengung der Schneemassen präpariert und befahren werden können.

Der die Sperrung missachtende Skifahrer bringt in diesem Fall nicht nur sich und andere in Gefahr, die möglicherweise mit ihm in diesen Hang einfahren, sondern auch die Skifahrer, die sich im Auslaufgebiet der Lawine befinden. Daher ist ein Befolgen von Hangsperrungen nicht nur im Eigeninteresse. Obwohl eine Lawine als Naturkatastrophe zu werten ist, muss eine Auslösung auf diese Weise vorwerfbar sein, wenn der Pistenhalter mit dem Motiv der Lawinenvermeidung den Hang gesperrt hat und diese Sperrung nicht befolgt wird. Die Naturgewalten wurden dann zurechenbar im wahrsten Sinne des Wortes losgetreten, und das Nichtbefolgen der Sperre kausal für den eingetretenen Schaden als Folge des Lawinenabgangs.

Das Nichtbefolgen der Beschilderung hätte aber sicherlich auch ohne das Bestehen der FIS-Regel 8 im Falle eines dadurch verursachten Unfalls zivil- und strafrechtliche Konsequenzen. Das Befolgen von so deutlich gemachten Hinweisen ist ein zumutbares und zur Vermeidung von Unfällen jedenfalls notwendiges Verhalten, dessen Unterlassen der Rechtsordnung entsprechend auch ohne Berufung auf einen Verstoß gegen FIS-Regel 8 ein vorwerfbares Verschulden (oder ev. Mitverschulden) auslösen würde.

FIS-Regel 9 u.10

„Bei Unfällen ist jeder Skifahrer zur Hilfeleistung verpflichtet."

„Jeder Skifahrer, ob Zeuge oder Beteiligter, ob verantwortlich oder nicht, muss im Falle eines Unfalls seine Personalien angeben."

Diese Regeln haben zivilrechtlich untergeordnete Bedeutung und sind der Vollständigkeit halber aufgeführt. Sie normieren zum einen eine Pflicht zur Hilfeleistung, die ohnehin im StGB verankert ist, und zum anderen eine Ausweispflicht für Zeugen.

5. Skiausrüstung als Unfallursache

Ein weiterer wichtiger Faktor bei Skiunfällen ist die Ausrüstung. Der Ski, die Bindung und der Skischuh als Grundvorraussetzung zur Ausübung müssen in entsprechendem Zustand sein. In diesem Kapitel wird auf besondere Fragen der Produkthaftung nicht eingegangen, da sich im Skisport keine aufsehenerregenden Besonderheiten ergeben. Sehr wohl wird die Eignung des Sportgeräts für den individuellen Fahrer behandelt, was bei der neuen Entwicklung des Carvings interessante Fragen aufwirft, sowie die immer währende Problematik der Skisicherheitsbindung.

5.1 Eignung des Skis: Falsche Beratung § 1299 ABGB

Die österreichische Rechtsordnung legt eine Haftung desjenigen fest, der als Sachverständiger gem. § 1299 ABGB gegen Belohnung einen falschen Rat erteilt. Innerhalb schuldrechtlicher Sonderbeziehungen vertritt die hA, dass jede Partei, egal ob Sachverständiger und Entgeltlichkeit, für fahrlässige Auskünfte zu haften hat. Wie kann im Fall des Sportfachhandels eine so geartete falsche Auskunft aussehen?
Der neue Skitrend der letzten Jahre heißt bekanntlich Carving. Die stark taillierten Ski, die dem Rennsport entsprungen sind, bergen so manche Gefahr für den Normalverbraucher. Durch die stärkere Taillierung werden höhere Kurvengeschwindigkeiten erreicht und andere Kräfte wirken auf den Körper. Verkanten mit stärker taillierten Skiern hat größeren richtungsändernden Einfluss als mit herkömmlichem Material.
Man könnte meinen, dass manche Skifahrer nicht in der Lage sind, gewisse Sportgeräte zu bändigen und dass ein Verkauf einer solchen Ausrüstung eine unnötige Gefahr für den Skifahrer und andere bedeutet. Ist das der Fall, müsste der Fachhändler, bei dem die Ski gekauft werden (oder der Verleiher, bei dem die Geräte ausgeliehen werden), nach dem konkreten Fahrkönnen fragen und so den passenden Ski ermitteln. Schon das allein ist nicht wünschenswert, da die Selbsteinschätzung

des Fahrkönnens kein zuverlässiger Anhaltspunkt sein kann, dessen Missachtung ausreicht, Haftung auszulösen.
Wie sich herausgestellt hat[143], besteht jedoch grundsätzlich keine Gefahr für einen Skifahrer auf dem falschen Gerät! Wie die Praxis gezeigt hat, kann ein Skifahrer jedes Könnens sicher einen Hang abfahren, egal mit welchen Carver (Extreme, Fun, Race) und mit welchem Radius.
Die Abfahrt wird ihm sicherlich schwerer fallen bzw. anstrengender sein als mit einem Ski, der auf sein fahrerisches Können abgestimmt ist. Sicherlich leidet unter einem falsch gewähltem Gerät der Spaßfaktor. Die Verkant- und Sturzgefahr erhöht sich jedoch nicht. Bei geringerem fahrerischen Können verringert sich auch der Kantendruck, den der Skifahrer generieren kann. Dadurch bleiben Kurvengeschwindigkeiten im normalen Bereich und Auswirkungen von Verkanten oder Verschneiden sind nicht so dramatisch, wie das bei Rennfahrern oft mit angesehen werden muss.
Der schlechtere Skifahrer kann also gar nicht das Potential des Materials ausnützen und ihm bleibt nichts anderes übrig, als langsamer als gewohnt die Pisten zu befahren. Erkennt er nicht, dass das Gerät für ihn nicht unbedingt geeignet ist und fährt über seine Verhältnisse, versucht also Dinge, die er nicht kann, so handelt er selbstverantwortlich und kann den Verkäufer oder Verleiher, auch wenn dieser ihm die falschen Carver "angedreht" hat, keinen Vorwurf machen.

5.2 Falsche Bindungseinstellung

Skibindung

Die Skibindung, Schnittstelle zwischen Fahrer und Sportgerät, steht bei vielen Unfällen im Mittelpunkt. Laut Zahlen des Institutes Sicher Leben

---

[143] persönliches Interview mit Dr. Hermann Engl über dessen Erfahrungen mit Carving Skiern in Skischulen

ließen sich 10 % der Skiunfälle durch eine richtige Skibindungseinstellung vor Wintersaisonbeginn verhindern.[144]

Die Skisicherheitsbindung ist eine Entwicklung der Industrie, um den Skisport sicherer zu machen. Zu Zeiten der Anfänge des Skisports war die Verbindung Schuh-Ski vergleichbar mit einer Langlaufbindung, die Ferse war also frei. Diese war für die Abfahrten damals ausreichend, die erreichbaren Geschwindigkeiten waren auf den naturbelassenen Abfahrten, unpräpariert und meist im Tiefschnee, ohnehin geringer und die befahrenen Hänge meist weniger steil – man musste sie ja vor der Abfahrt erst hinaufsteigen – und die freie Ferse vereinfachte eben diesen Aufstieg sehr. Dazu kam noch die damals praktizierte Technik (Telemark).

Mit der Pistenpräparierung und den Liften änderte sich das Skifahren. Das Tempo wurde immer höher, und die Aufstiegsvorteile der freien Ferse wurden überflüssig. Es entstanden die ersten fixen Verbindungen zwischen Schuh und Ski, Langriemenbindung und Kabelzugbindung zurrten den Fahrer an seine Latten.

Damit entstand das noch heute aktuelle Problem: durch diese starre Verbindung wurde aus dem Sportgerät ein knochenbrechender und bänderreißender Hebel. Die Folgen der Stürze wurden immer verheerender, was zur Entwicklung der ersten „Sicherheitsbindungen" führte. Diese sollten ab einer gewissen Belastung die Verbindung lösen und so das Verletzungsrisiko bei Stürzen verringern.

Die Idee ist zwar gut, konnte aber bis heute technisch noch nicht optimal in die Tat umgesetzt werden. Obwohl die heutigen Skibindungen mit den modernsten Materialien (Karbon, Keramik, Legierungen) hergestellt werden und die Auslöseeinrichtungen und –funktionen vielfältiger den je sind, gibt es immer noch Sturzbewegungen und Hebelkräfte, die zwar eine Verletzung des Körpers verursachen, die Bindung jedoch noch unter der Auslöseschwelle belastet ist.

---

[144] http://www.seilbahnen.at/themen

Speziell Bänderrisse im Knie sind oft Folgen der Verdrehens des Skis bei ungünstiger Knieabwinkelung, bei denen auf die Bindung zwar Kräfte wirken, die auch beim „normalen" Skifahren auftreten, aber durch die Hebelwirkung des sich verdrehenden Skis und die Ungeschütztheit eines abgewinkelten Knies Bänder im Knie überbeansprucht werden und reißen. Ein Problem in diesem Zusammenhang ist die Tatsache, dass solche Kräfte ein gestrecktes Knie u.U. nicht zu verletzen vermögen, da hier die Muskulatur in Ober- und Unterschenkel eine Schutz- und Stützfunktion erfüllen, die sie im abgewinkelten Zustand nicht hat; um richtig auszulösen, müsste dann die Skibindung auch die Winkelstellung des Knies mit berücksichtigen.

Ich will damit die technischen Probleme nur andeuten, die ein Bindungsentwickler zu überwinden hat. Ich bin mir aber sicher, dass die Entwicklung in absehbarer Zeit so weit sein wird, dass der Sturz des Fahrers an sich erkannt wird und die Bindung unabhängig von physischen Einwirkungen auslöst.

Bis dahin wird aber die Verwicklung der Skibindung in Skiunfälle nicht nur Mediziner, sondern auch Juristen beschäftigen.

Verletzungen

Wie bereits dargestellt, soll die Skibindung vor Verletzungen beim Skifahren schützen. Bei Verletzungen, die „bindungsbedingt" auftreten, gibt es grob eingeteilt zwei Sorten:

a) Verletzungen der unteren Extremitäten, die durch kein oder zu spätes Auslösen auftreten, insbesondere Unter- und Oberschenkelbrüche
b) Verletzungen der oberen Extremitäten, die durch ein zu frühes Auslösen auftreten, ohne typisches Verletzungsbild

Die Skibindung dient vor allem und am wirksamsten dem Schutz vor Unterschenkelbrüchen, deren Häufigkeit durch die Verbesserung der

Bindungstechnologie sowie der Einstellungsgrenzwerte, bei korrekt funktionierender und optimal dem Körper und Fahrverhalten angepassten Bindung beinahe gegen Null geht. Mit einer korrekt eingstellten Bindung kann die Wahrscheinlichkeit eines von der Bindung (mit-) verursachten Unterschenkelbruches quasi ausgeschlossen werden.[145]
Wichtig ist die in der juristischen Praxis immer wieder auftretende und falsch beurteilte (oder behauptete) Frage der Knieverletzungen. Die „klassische" Skiverletzung, der Kreuzbandriss, ist nur in Ausnahmefällen eine Folge einer zu festen Bindungseinstellung, obwohl das in Prozessen regelmäßig vorgebracht wird. Auch andere Verletzungen des Bänderapparats im Knie kann eine Skibindung nicht verhindern. Kausalzusammenhänge zwischen zu stark eingestellten Bindungen und Knieverletzungen sind unmöglich eindeutig festzustellen.
Wie Tests der Drehbelastung im Knie in verschiedenen Abwinkelstellungen gezeigt haben, ist es einer korrekt eingestellten Bindung mangels fixer Belastungsgrenzen des Bänderapparates jedoch unmöglich, solchen Verletzungen vorzubeugen, somit keine Verletzung des Schutzzwecks der Bindung vorliegt[146].
Warum ist das so? Das Knie ist ein Gelenk, das seine Festigkeit wesentlich der Oberschenkelmuskulatur verdankt. Die optimale Stützfunktion besteht jedoch nur im gestreckten bzw. leicht abgewinkelten Zustand. Bei stärkerer Abwinklung des Knies kann die sie schützende Muskulatur die Schutzfunktion nicht mehr so gut ausführen. Ein (Ver-)Drehen des Kniegelenks wird so nicht mehr verhindert oder gemindert und der Bänderapparat kann somit Schäden davontragen.
Die Drehkräfte, die in einem solchen Fall ausreichen, den Bänderapparat aufgrund der Abwinkelung des Knies zu beschädigen, können weit unterhalb der Belastungsgrenze der Bindung liegen. Wie der nächste Punkt zeigen wird, ist der Maßstab für die Einstellung der Bindung ent-

---

[145] Anselm Vogel, Zur Funktionseinheit Ski – Bindung – Schuh, 16
[146] OGH am 22.8.1996 in JBl 1997, 392; OGH am 04.06.1996, 1 Ob 2051/96 s.

weder die zu erwartenden Fahrkräfte, oder die Kräfte die der Schienbeinknochen des Fahrers auszuhalten vermag. Somit kann nur in besonderen Ausnahmefällen, deren Beweis nur schwer gelingen sollte, eine Verbindung von Bänderverletzung und zu fester Bindungseinstellung festgestellt werden.
Es gilt die Wahrscheinlichkeit, dass eine wesentlich zu hart eingestellte Bindung auch für einen Bänderriss kausal ist. Zu welchem Grad, ist aber aufgrund der unbekannten (und beinahe unmöglich feststellbaren) Stellung des Knies zum Zeitpunkt der Krafteinwirkung unmöglich vorherzusagen.

Bindungseinstellung

Bei der Einstellung muss auf mehrere Faktoren Rücksicht genommen werden. Wie bereits in den 60-er Jahren bei Tests festgestellt werden konnte, gibt es für beinahe jeden Skifahrer die Bindungseinstellung, die unter seiner individuellen Knochenbruchgrenze und über den Kräften liegt, die beim normalen Skifahren auftreten.
Es gibt mehrere Methoden, den Einstellungswert der Bindung zu ermitteln. Bei der vom IAS entwickelten Methode, auch Tibia-Methode[147] genannt (siehe Abbildung), wird der Unterschenkeldurchmesser am Schienbeinkopf gemessen und daraus die Bruchfestigkeit der Knochen geschlossen.

Unter Einbeziehung des Fahrertyps (Risikobereitschaft), der Länge der Schuhsohle (Hebelarm) und es Alters (Knochenstabilität) ergibt sich dann der zu wählende Einstellwert.

---

[147] tibia: lateinische Bezeichnung für den Schienbeinknochen.

Die Messung sollte im Sitzen bei gebeugtem Kniegelenk erfolgen.
Die Weichteile über dem Schienbeinkopf sollen mit der Schiebelehre nicht gepresst werden.
Der Fahrstil wird mit einbezogen, weil bei besseren Skifahrern stärkere Kräfte während der "normalen" Fahrt auftreten als bei schlechteren. Wir gehen von zwei Skifahrern mit dem gleichen Unterschenkeldurchmesser aus: Die Einstellung für einen schlechten Skifahrer kann für den guten Fahrer bedeuten, dass sich die Bindung zu früh löst und damit einen Sturz verursacht. Belastungen, die bei einem schlechten Skifahrer die Ausnahme bilden und auf einen Sturz hindeuten, können bei einem guten, schnellen Skifahrer ein normaler und kontrollierbarer Einfluss sein. Ein zu frühes Auslösen der Bindung hingegen bedeutet in einem solchen Fall hingegen den (eigentlich grundlosen) Sturz.
Ein weiteres Einstellverfahren ermittelt einen Einstellfaktor aus Körpergröße, Gewicht und Fahrverhalten. Bei dieser Methode werden die beim Fahren zu erwartenden Kräfte als Ausgangspunkt herangezogen; diese bilden sodann die Obergrenze. Es wird also nicht wie bei der oben geschilderten IAS-Methode von der anatomisch feststellbaren Verletzungsgrenze ausgegangen.
Die Praxis hat gezeigt, dass diese Methode vor allem bei Frauen einen zu hohen Einstellungswert zulässt. Weibliche anatomische Eigenheiten, die nicht mit den gewählten Faktoren zusammenhängen, werden bei dieser Methode nicht optimal einbezogen, da Fahrkräfte bei Frauen (auch wenn sie vergleichbare Körpermaße wie ein Mann haben sollten) geringer sind. Für Frauen wäre daher eine Einstellung nach der IAS-Methode ratsam. Dennoch ist dieses Einstellverfahren zulässig, da eine

zu harte Einstellung glücklicherweise nur eine absolute Ausnahme darstellt.

Die Pflichten des Bindungseinstellers:

Um die Bindung richtig einzustellen, braucht der Bindungsmonteur (Verkäufer, Verleiher u.ä.) zuverlässige Angaben vom Kunden. Bei der Tibia Einstellungsmethode bleibt dem Monteur nichts anderes übrig, als den Durchmesser selbst zu messen. Bei dem Einstellungsverfahren, das den Einstellwert aus den zu erwartenden Kräften schließt, ist er hingegen auf die Daten angewiesen, die ihm der Kunde zukommen lasst. Es ist wichtig, dass er nach dem tatsächlichen Körpermaß fragt und nicht aus Zeitgründen ein Schätzung abgibt.

Im Zusammenhang mit der Bindungseinstellung treten immer wieder Beweisprobleme auf; auf beiden Seiten wohlgemerkt. Die Erstellung eines Einstellungsprotokolls wäre daher ratsam und nicht sonderlich aufwändig. Führende Sportfachhändler stützen alle Bindungsmontagen auf einem solchen zu unterschreibenden Protokoll. Ein kurzer Fragebogen, der zu unterschreiben ist und beim Bindungseinsteller für wenige Jahre archiviert ist, würde Beweisprobleme in diesem Zusammenhang lösen.

Eine Archivierungsdauer von vier Jahren halte ich deshalb für ausreichend, weil die Bindung vor jedem Winter ohnehin einer Überprüfung und Neueinstellung bedarf. Als mechanische Vorrichtung die der Witterung dermaßen unmittelbar ausgesetzt ist, ist Verschleißerscheinungen vom Benutzer dementsprechend vorzubeugen. Eine Haftung wegen Fehleinstellung schließe ich deshalb nach dem Ablauf eines Jahres kategorisch aus. Nach diesem Grundsatz kann sich auch die Archivierung beschränken. Die Benützung der Skier mit der Einstellung ist nur eine Saison (möglicherweise auch weniger) zulässig, dazu kommt eine Verjährungsfrist von drei Jahren. Vier Jahre sollten somit bei weitem ausreichen. Setzt man dazu noch bestehende Software Lösungen ein, wäre der Aufwand weiter zu reduzieren.

Die Beweisprobleme in diesem Zusammenhang sind in der Lehre gut dargestellt[148] und müssen hier nicht detailliert wiedergegeben werden. Demnach liegt zwar die Beweislast für Einstellungsfragen beim Geschädigten. Es kommt jedoch bei vielen Fällen zu einer Beweislastumkehr im Falle, dass der Geschädigte einen Ursachenzusammenhang zwischen Verhalten des Schädigers und dem Schaden wahrscheinlich machen konnte.

Da beide Seiten im Falle eines Rechtstreits mit der Beweisführung befasst sein können, ist die doppelte Ausfertigung des Protokolls (mit Durchschlag oder zweitem Computerausdruck) naheliegend und der Empfang zu bestätigen. So ist nicht nur der Beweisführung gedient, sondern der Kunde kann auch überprüfen, ob die korrekten Angaben zur Bindungseinstellung geführt haben, und nicht ihm oder dem Monteur ein (möglicherweise folgenschwerer) Fehler unterlaufen ist.

Zur Sicherstellung und Überprüfung der Funktionstüchtigkeit und der richtigen Einstellung der Bindung bedient man sich eines Bindungsprüfgeräts. Die Einstellung der Bindung wird in einem Belastungstest festgestellt, und der ermittelte Wert mit dem Einstellungssoll verglichen.

Unterlässt der mit der Bindungseinstellung Beauftragte die Überprüfung, wird vom Fachverband der Sportartikelerzeuger und Sportausrüster Österreichs verlangt, dass der Kunde auf diesen Umstand mittels eines Aufklebers am Ski hingewiesen wird. Diese Maßnahme zielt darauf ab, dass mit dem Wissen um das Fehlen der Überprüfung, der Kunde eine Überprüfung nachdrücklich verlangt oder woanders zu seiner eigenen Sicherheit durchführen lässt. Ob dieses Ziel tatsächlich durch einen Aufkleber erreicht werden, und so das Sicherheitsrisiko wirksam gesenkt werden kann, bleibt in Frage zu stellen.

Zu dieser Thematik ein Beispiel: Ein verunfallter Skifahrer, der sich bei seinem Sturz einen Kreuzbandriss zuzog, begehrte von dem Sportartikelhändler, bei dem er seine Ausrüstung erstand und die Bindung nach

---

[148] U.a. Pichler – Holzer, S. 121f.

seinen Körpermaßen und Fahrkönnen einstellen ließ, Schadenersatz für die erlittene Verletzung, weil dieser es unterlassen hatte, die Einstellung durch ein Bindungsprüfgerät zu überprüfen. Der Hinweis an den Kunden, dass diese Überprüfung unterlassen wurde, wurde verabsäumt (obwohl das vom Fachverband der Sportartikelerzeuger und Sportausrüster Österreichs verlangt wird).
Die Unterinstanzen sahen in der Unterlassung der Warnung ein haftungsauslösendes Verschulden, da sie die Vorschrift des Fachverbands als Schutzgesetz iSd. § 1311 ABGB ansahen und damit die Beweislastumkehr den Beklagten einen Freibeweis aufbürdeten, der nicht gelang, und in den meisten Fällen auch nicht gelingen kann.
Der OGH hat die Urteile der Unterinstanzen richtigerweise aufgehoben und festgestellt, in der Unterlassung der Warnung kann kein unfallkausales Verhalten gesehen werden, da ein Kausalzusammenhang zwischen dem (zweifelsfrei) vertragswidrigen Verhalten (nicht erfolgter Hinweis) und dem eingetretenen Schaden nicht hergestellt werden kann, zumal auch der Gutachter in diesem Prozess feststellte, dass eine verlässliche Feststellung, die Verletzung sei auf die Fehleinstellung zurückzuführen sei, nicht möglich ist.[149]
Die Entscheidung ist ein gutes Beispiel für die falschen Schlüsse, die aus Skiunfällen gezogen werden können, aber auch für die Last der Beweislast, die dem beklagten Sportfachhändler fast zum Verhängnis wurde, da eine Feststellung, der Unfall wäre auch mit korrekt eingestellter Bindung passiert, nicht möglich war.
Die Annahme der Unterinstanzen, die vom Verband der Sportartikelhändler und Ausrüster Österreichs (VSSÖ) aufgestellte Pflicht, eine Markierung auf Ski anzubringen , die nicht mit einem Bindungsprüfgerät überprüft worden sind, sei ein Schutzgesetz, erwies sich als verfehlt und wurde in der Entscheidung aufgehoben.

---

[149] Sachverhalt und Entscheidung aus OGH am 04.06.1996, 1 Ob 2051/96 s.

Der OGH erkannte juristisch präzise, dass kein Kausalzusammenhang zwischen der Verletzung und dem Unterlassen des Hinweises, dass die Bindung nicht überprüft wurde, besteht. Diese Entscheidung ist überaus praxisnah. Der Skisport als Freizeitsport lässt Menschen oft ihre sonst bestehende Umsicht und Vorsicht vergessen. Warnungen wie diese sind ungeeignet, den Skifahrer dazu zu veranlassen, die Bindung erneut überprüfen zu lassen.

Wenn die Überprüfung jeder Bindungseinstellung wirksam erreicht werden soll, so sind andere Überlegungen zu treffen, wobei ich nicht behaupte, dass dies ein von der Praxis unbedingt erwünschtes Resultat ist, da auch Bindungsprüfgeräte kostspielige Anschaffungen darstellen und ihre Handhabung teure Arbeitszeit in Anspruch nimmt.

Im Zusammenhang mit dem oben vorgeschlagenen Einstellungsprotokoll kann in Beweisverfahren einiges gewonnen werden. Macht man das Überprüfungsprotokoll zu einem integrativen Bestandteil davon, ist der Beweisführung (beiderseits) ein guter Dienst erwiesen, und die Frage der Fehleinstellung reduziert sich auf einen Blick auf das vorliegende Protokoll mit den Angaben zur Person und einer Checkliste mit den Dingen, die der Bindungsmonteur vorgenommen hat.

Einstellung: zu hart – zu weich

Die richtige Einstellung kann nach beiden Methoden gefunden werden. In der Praxis bewährte und nach DIN und Ö-Norm genormte Tabellen geben dem mit der Einstellung betrauten Monteur den korrekten Einstellwert an. Der Wert ist am Vorder- und Hinterbacken der Bindung einzustellen und gibt die Belastungsgrenze als Drehmomentswert (Nm) an.

Oft ist die Bindung jedoch nicht perfekt eingestellt, weil sich Gewicht oder Fahrverhalten ändern, oder weil beim Einstellungsverfahren irgendwo Fehler unterlaufen. Das Bestehen von zwei unterschiedlichen Verfahren zur Ermittlung des Einstellwerts kann ebenfalls zu uneinheitlichen Einstellwerten führen. Eine perfekte Bindungseinstellung gibt es somit nicht.

Nicht jede Fehleinstellung ist jedoch kausal für einen Unterschenkelbruch. In diesem Zusammenhang sei noch einmal festgehalten, dass die einzige Verletzung, die eine korrekt eingestellte und funktionstüchtige Skibindung verhindern kann, nur ein Unterschenkelbruch ist.

Bei Fehleinstellungen die unter 15%, liegen kann man nicht zuverlässig sagen[150], dass die Fehleinstellung und damit ein zu frühes oder spätes Auslösen der Bindung kausal für den Unfall war. Der Einstellwert für einen Mann mit 80kg liegt zwischen 5.5 und 7. Das bedeutet, dass eine Fehleinstellung von einem ganzen Wert noch nicht erheblich ist. Nachdem die Tabellen nicht immer einfach zu handhaben sind und besonders mit der Bindungsmontage Unerfahrene möglicherweise Probleme haben, ist ein Fehler von einer Einheit möglich, bleibt jedoch folgenlos.

Liegt der Einstellfehler also unter 15% ist es nicht mit ausreichender Sicherheit feststellbar, dass der Unfall aufgrund der falschen Einstellung passiert ist. Zu viele Faktoren können zu einem Sturz oder einer Verletzung führen, sodass eine Fehleinstellung mit einer solch geringen Abweichung nicht der einzige oder ein hinreichend eindeutiger Grund sein kann.

Ein weiterer Grund, warum eine Fehleinstellung von solchem Ausmaß nicht als unfallkausal angesehen werden kann, ist bei einem Blick auf die Einstellungstabellen erkennbar. Schätzt der Skiläufer (wenn er überhaupt befragt wird) sein Fahrkönnen falsch ein, ergibt sich ebenfalls ein falscher Einstellwert. Je nach Körpermaß beeinflusst der Unterschied zwischen dem Fahrkönnen einen Unterschied im Einstellwert von einem ganzen Einstellwert. Richtige Selbst-einschätzungen in einem solchen Fall können ja oft dem Stolz (bei schlechten Skifahrern) oder der Übertreibung des Sportlers zum Opfer fallen.

---

[150] persönliches Interview Dr. Hermann Engl; so auch Pichler, Zur Kausalität zwischen Skibindungseinstellung und Sturzverletzung, ZVR 1998, S. 112.

Bei Kindern liegt der Grad der vernachlässigbaren Falscheinstellung bei einem halben Einstellwert. Aufgrund der geringeren Kräfte und Einstellskalen kann das als Richtwert angenommen werden. Im Falle von Wachstumsschüben (was in einer fünfmonatigen Wintersaison vorkommen kann) sollten Eltern auch eine Nachjustierung während des Jahres in Erwägung ziehen.

Selbst ein Unterschenkeldrehbruch, die Verletzung, die von der Skibindung am besten verhindert wird, kann nicht mit ausreichender Wahrscheinlichkeit einer Fehleinstellung zugewiesen werden, wenn diese unter 15 Prozent liegt, da auch andere Kräfte auf den Knochen wirken und diesen brechen können, denen die Sicherheitsbindung nichts entgegensetzen kann.

Liegt die Fehleinstellung zwischen 15 und 30%, sind genaue Gutachten und ein möglichst gut nachvollziehbarer Unfallverlauf notwendig, um den Unfall der Fehleinstellung zuzuweisen.

Im Falle, dass nur ein Ski falsch eingestellt war, gibt es ebenfalls eine interessante und im Ergebnis begrüßenswerte Entscheidung des OGH[151]:

Der Skifahrer erlitt bei einem Sturz einen Unterschenkelbruch. Die Bindung am gebrochenen Bein löste nicht aus. Die Unterinstanzen lehnten das Klagebegehren ab. Der Kläger habe zwar bewiesen, dass eine der Bindungen zu hart eingestellt war, es konnte jedoch nicht die Feststellung getroffen werden, dass der zu hart eingestellt Ski auch am verletzten Bein getragen wurde.

Der OGH stellte fest, dass wenn eine Verletzung auftritt, die für eine zu hart eingestellte Bindung typisch ist, so ist mit überwiegender Wahrscheinlichkeit bewiesen, dass der Ski mit der zu hart eingestellten Bindung am verletzten Fuß getragen wurde. Dass Dilemma, dass bei der Bergung des Verletzten wichtige Beweismittel oft "zerstört" werden, ist in diesem Fall behoben.

[151] OGH vom 22.04.1997, JBl 1997, 587.

Beim Skifahren treten auch ohne Stürze Kräfte auf, die üblicherweise zu einem Beinbruch führen können. Ein Phänomen, das bei medizinischen Tests an Knochen entdeckt werden konnte, ist die Tatsache, dass ein Knochen bei dynamischer Belastung bis zu 25% belastbarer. Liegt die Dauer der Stöße unter einer Zehntelsekunde, widersteht der Knochen der Kraft, die ihn sonst zum Brechen bringen würde. Die Bindung trägt dieser Besonderheit Rechnung, indem die auslösenden Teile elastisch sind, und so Kräfte weiter abdämpfen. Die Bindung löst also nicht nur aus, wenn die Kräfte zu hoch sind, sondern besonders auch, wenn sie zu lang andauern.

Das Problem der zu leichten Einstellung tritt in Prozessen weniger häufig auf, da bei einem so gearteten Sturz die Kausalität nicht so nahe liegt. Dass ein Schlag beim Abfahren die Bindung löst, ist vielen schon passiert und man gibt eher dem vernommenen Schlag die Schuld, als einer falsch eingestellten Bindung. Im Übrigen gilt zum Grad der Fehleinstellung das oben Gesagte. Da auch die zu weich eingestellte Bindung Kräfte absorbiert, die 25% über der Knochenbelastungsgrenze liegen, sind zu weich eingestellte Bindungen unter 15% auch nicht kausal für Stürze aufgrund "unberechtigter" Bindungsauslösung. Die mechanische Sturzerkennung, wie sie in der Bindung Anwendung findet, kann nicht fehlerfrei funktionieren.

6. Schlusswort / Resümee

Das Skifahren, für die meisten von uns ein Freizeitvergnügen. Diejenigen unter uns, die nicht zu den 1% gehören[152], die jedes Jahr auf Österreichs Pisten in einen Unfall verwickelt sind, können sich glücklich schätzen. Wie Verschuldensfragen im Fall der Fälle verteilt sein können, wurde im Vorhergehenden dargestellt. Meiner Ansicht soll es nicht angehen, dass ein Skifahrer die Schuld immer woanders als bei sich selbst sucht. Es ist eine unumstößliche Tatsache, dass viele der Unfälle auf verantwortungsloses Verhalten zurückzuführen sind und verhindert werden könnten, wenn mit mehr Achtsamkeit gefahren würde.

Da die Ausübung dieser wundervollen Sportart aber im Umfeld von Urlaub und Freizeit stattfindet, liegt vielen Skifahrern das Bewusstsein für Pflichten und Rücksichtnahme allzu fern. In vielen Bereichen des Skisports sollte sich der Sportler einer erweiterten Verantwortung bewusst werden. Auf diese Weise kann wohl am wirkungsvollsten die Zahl der Skiunfälle verringert werden.

Die erhöhte Rücksichtnahme auf andere dient schließlich nicht nur zum Schutz derselben, sondern auch dem Selbstschutz, da im Falle einer Kollision kaum ein Vorteil in Sachen passiver Sicherheit besteht.

Eine Skiunfall in Folge eines Sturzes muss weiterhin folgenfrei bleiben. Spricht sich die Rechtssprechung auch dafür aus, dass der Sturz an sich kein vorwerfbares Fehlverhalten darstellt, so wird diese Tatsache dadurch verwässert, dass das Verhalten vor dem Sturz durchaus herangezogen werden kann, und wird, um ein Verschulden zu begründen. Wie weit diese Praxis getrieben werden kann ist fraglich. Ein ausgezeichneter Skifahrer mag einem Anfänger wie ein Raser erscheinen (so fällt dann auch die Zeugenaussage aus), wobei das Tempo bei weitem im

---

[152] Krone, 3.2.2002, S. 29: 80,000 Skifahrer verletzen sich jährlich auf heimischen Pisten.

Rahmen der Fähigkeiten des Fahrers sein kann. Daher muss an das Fehlverhalten vor dem Sturz ein sorgfältiger Maßstab gelegt werden.
Der Skisport hat sich geändert. Wie in jedem Sport hat die Weiterentwicklung des Rennsports auch in den zivilen Bereich Einzug gehalten. Skifahren heutzutage ist nicht mehr das Selbe, wie vor 10 oder 20 Jahren. Die Suche nach dem „ultimativen Kick" verleitet viele Freizeithermi-natoren zu Geschwindigkeiten, denen sie nicht gewachsen sind. Einen Beitrag dazu hat sicherlich die Entwicklung der Carvingtechnologie geleistet.
Mittlerweile ist beinahe jeder heute verkaufte Ski als Carver zu bezeichnen. Der „klassische" Ski mit Kantenradien von über 25 Metern steht in kaum einen Geschäft mehr zum Verkauf. Bei einem jährlichen Skiverkauf von derzeit 4,8 Millionen Paar Ski und einem Skimarkt von rund 20 Millionen aktiven Skifahrern ist es nur eine Frage der Zeit, wann der letzte sogenannte alte Ski durch die neue Technologie ersetzt sein wird. Damit ist aber auch klar, dass den Carvern keine Sonderbehandlung eingeräumt werden darf. Das Bewegungsmuster auf den Pisten mag sich ein wenig geändert haben, aber selbst diese Skitechnologie ist nicht dazu in der Lage, aus einem Stemmpflug-Skifahrer einen Kurvenflitzer zu machen. Die Art und Weise, wie mit den Carvern im Optimalfall gefahren wird, unterscheidet sich durch ein erhöhtes Ziehen entlang der Kante, früher hingegen wurde der zu weite Radius für Schwünge durch ein Rutschen der hinteren Hälfte der Skier wettgemacht. Das war zum Erreichen des gewünschten Schwungradius notwendig und hatte dazu den Effekt, die Fahrt zu verlangsamen. Dieser Bremseffekt kann auch mit den neuen Carving-Modellen erzielt werden, wobei bei richtig angewandter Technik der Skifahrer in der Kurve auf der Kante beschleunigt und nicht rutscht und damit bremst. Das ist das Neue und Reizvolle an diesen Skiern. Unberührt davon bestehen die FIS-Regeln weiter, die den Skifahrer zu einer verantwortungsbewussten und sicheren Fahrt anhalten.

Es ist nach wie vor der Einzelne gefragt, seine Grenzen zu erkennen und einzuhalten. Überall, wo Menschen auf begrenztem Raum zusammenkommen um sich sportlich zu betätigen, ist es notwendig, dass Rücksicht aufeinander genommen wird.
Dabei darf sich hingegen der schwache Skifahrer nicht nur darauf verlassen, dass die besseren auf ihn acht geben, sondern er muss auch die Gefahr realisieren, die von ihm ausgeht. Ein Skianfänger auf mittelschweren oder gar schweren Pisten ist eine Gefahrenquelle für andere. Eine Einfahrt in diese Pisten sollte daher eine nur nach sorgfältiger Abschätzung der Umstände vorgenommen werden. Es kann vielleicht noch nicht von einem schützenswerten Vertrauen darauf ausgegangen werden, dass sich - zumindest auf schweren (schwarzen) Pisten - keine Hindernisse in Form von Anfängern aufhalten, so ist es in manchen Fällen durchaus eine Haftungsfolge für Skifahrer, die Pisten wählen, denen sie offenbar nicht gewachsen sind, denkbar.
Die Einfahrt in eine schwarz markierte Piste ist für ihn eine erkennbare Gefährdung, nicht nur seiner selbst, sondern letztendlich auch für andere. Besonders bei schlechter Sicht, oder schlechten Pistenverhältnissen ist es nur zumutbar, von ihm zu verlangen, sich von solchen Pisten fernzuhalten. Die Risikoerhöhung steht in einem klaren Missverhältnis zum Verzicht, der dem schlechten Skifahrer auferlegt wird, wenn er/sie nicht diese Route/Abfahrt wählt.
Als Kategorie der „schlechten Skifahrer" würde ich Anfänger anführen, und solche Skifahrer, die den Parallelschwung nicht beherrschen. Ebenso sollten körperlich schwache Skifahrer Schwarze Pisten meiden, da die Abfahrten schließlich nicht nur anspruchsvoll sind, sondern meist auch eine entsprechende Länge aufweisen. Diese Einschätzung muss in jedem Fall der Skifahrer treffen und sich der Verantwortung bewusst sein, die auf ihm lastet. Im Nachhinein ist die beobachtete Fahrweise, die dem Unfall voranging, als Maßstab heranzuziehen.
Ein schlechter Skifahrer kann sicherlich auch auf einer schwarzen Piste abfahren, ohne eine Gefahr zu bedeuten. Besonders wenn die Witte-

rungs- und Pistenverhältnisse günstig sind. Verlässt er sich jedoch zu sehr auf den Schutz der anderen und hindert ihn die Anstrengung, die Piste an sich zu bewältigen daran, auch noch auf andere zu achten, so ist ein Mitverschulden aufgrund des Aufenthalts auf schweren, für ihn ungeeigneten Piste durchaus begründbar.

Eine wichtige Feststellung dieser Arbeit ist das Verhältnis von Pistenqueren und Abfahren in weiten Bögen. Ich kann keinen Unterschied zwischen einem Fahrer sehen, der eine Piste quert und jemandem, der in gleichgearteter Schrägfahrt 10, 15 oder mehr Meter zwischen zwei Schwüngen zurücklegt. In beiden Fällen kann die Geschwindigkeit gering sein, weil nur wenig Schwerkraft ausgenutzt wird. Die Haltung des Fahrers erlaubt es in beiden Fällen, problemlos den von oben kommenden Verkehr zu beachten, da keine unmenschlichen Verrenkungen notwendig sind.

Eine wichtige Feststellung dieser Arbeit ist das Verhältnis von Pistenqueren und Abfahren in weiten Bögen. Ich kann keinen Unterschied zwischen einem Fahrer sehen, der eine Piste quert und jemanden, der in gleichgearteter Schrägfahrt 10, 15 oder mehr Meter zwischen zwei Schwüngen zurücklegt. In beiden Fällen ist die Geschwindigkeit gering, weil nur wenig der Schwerkraft ausgenutzt wird. Die Haltung des Fahrers erlaubt es ihm in beiden Fällen, problemlos den von oben kommenden Verkehr zu beachten, da keine unmenschlichen Verrenkungen notwendig sind, da der Körper ohnehin in Richtung Hang gedreht ist.

Des Weiteren kann der von oben Kommende nicht oder nur schwer erkennen, ob es sich um einen querenden Skifahrer oder eine Langschwinger handelt, da beide Bewegungsmuster ident sein können. Dabei muss berücksichtig werden, dass bei den Geschwindigkeiten, die beim Skilauf herrschen, oft nicht genügend Zeit ist, um exakte Einschützungen zu machen.

Daher sollte von der bisherigen Rechtssprechung abgegangen werden und auch dem Fahrer von langen Bögen, die dem Queren einer Piste gleichkommen, Rücksichtnahme auf den Verkehr von oben abverlangt

werden. Zumutbarkeit und Praxisnähe sprechen für diese Lösung. Des Weiteren ist der alten Lösung, dass wenn sich der Fahrer, seien es auch lange Abstände, zwischen zwei Schwüngen befindet, im Vorrang zum vom oben Kommenden befindet, ein zu großes subjektives Element angehängt, das vom Außenstehenden nicht ausreichend beurteilt werden kann.
Das Material spielt wie in fast jeder Sportart eine wichtige Rolle. Das ist besonders im Skisport der Fall, wo das Sportgerät nicht nur zur Ausübung dient, sondern auch Sicherheitsaspekte erfüllt. Bei der Vielfalt an Carvingmodellen in den Regalen könnte man meinen, dass der Verkauf eines bestimmten Carvertyps an einen Skifahrer, dessen Fahrweise nicht dessen Erfordernissen entspricht, dem Skifahrer Probleme bereiten würde, oder sogar einen Sturz verursachen kann.
Wie die Praxis jedoch zeigt, ist es jedem Skifahrer möglich, auch extrem taillierte Modelle sicher und ohne Sturz zu Tale zu manövrieren. Was auf der Strecke bleiben würde, ist der Fahrspaß, weil es einem schlechteren Skifahrer auch größere Anstrengung abverlangt, die Abfahrt zu bewältigen. Vielmehr ist der schlechte Skifahrer gar nicht in der Lage, die nötigen Kräfte auf die Kante zu bringen, um ein gefährliches Verschneiden zu verursachen. An eine falsche Beratung beim Skikauf kann daher keine Haftung angeknüpft werden, da vom falschen Material keine Gefahr ausgeht.
Die Darstellung der Praxis bei der Bindungseinstellung und möglicher Fehler ist ein wichtiger Punkt dieser Arbeit. In diesem Fall bestehen sehr wohl Haftungsprobleme beim Skikauf. Eine unbedingte Notwendigkeit stellt nicht nur die Wahl der geeigneten Bindung, sondern auch die Ausstellung eines Einstellungsprotokolls dar, was selbst bei kostenlosen Einstellung zu erfolgen hat, und nur mit geringem Aufwand zusammenhängt.

Die Entscheidung des OGH, die in den Medien[153] nachzulesen war, sollte für den Skifahrer Anreiz genug sein, die Erstellung eines Einstellungsprotokolls zu verlangen, und für sich zu archivieren. Offensichtlich gibt es Konstellationen, wo der Skifahrer im Falle eines Unfalles nachzuweisen hat, dass ihn an der Ordnungsmäßigkeit seines Materials kein Verschulden trifft. Die Rechtssprechung geht richtigerweise mehr und mehr dazu über, dem Freizeitsportler mehr Verantwortung aufzubürden, und wie in diesem Fall ist die Erfüllung dieser Pflicht kein Ding der Unmöglichkeit, sondern sehr wohl zumutbar.

Zum Wohle des Rechtsfriedens und zur Entlastung des Sozialversicherungssystems möchte ich noch einmal den Gedanken einer privaten Skiversicherung aufgreifen. Seilbahnunternehmen, Sportfachhandel, Tourismusverbände sollten an einem umfassenden Modell einer Freizeitversicherung arbeiten, die man in der Kommunikation auch als Marketingvorsprung ausspielen könnte. Ein so geschaffener und ausreichender Haftungsfonds würde dem österreichischen Rechtssystem eine willkommene Entlastung bringen und vielen die Sorgen und Unsicherheit eines Rechtsstreites ersparen.

Unentbehrlich bleibt der verantwortungsbewusste Umgang mit dem Risiko, dem man sich und andere an jedem Skitag auseinandersetzt. Wichtig in diesem Zusammenhang ist das Bewusstsein, diese einzigartige Sportart in der Natur zu genießen, und die Piste nicht als Ersatzautobahn für die Befriedigung eines Geschwindigkeitsrausches zu missbrauchen. Die Skifahrer dieses Jahrtausends sollten die großteils hervorragend präparierten Pisten in ihrem natürlichen Umfeld genießen, den reinen Sauerstoff unserer alpenländischen Heimat tanken und sich den Fahrtwind ins Gesicht wehen lassen, allerdings bei kontrolliertem Tempo und immer dessen gewahr, dass er/sie/es nicht der Einzige auf der Suche nach Genuss ist.

---

[153] Salzburger Nachrichten vom 11.01.2002, S. 5.

Literaturverzeichnis

Ludwig K. Adamovich,
Bernd-Christian Funk — Österreichisches Verfassungsrecht[3], Wien 1985

Dr. Joseph Aicher, e.a. — Kommentar zum Allgemeinen bürgerlichen Gesetzbuch: in 2 Bänden. Hrsg. von Peter Rummel. 2.Aufl., Wien 1992

Horst Bichl — Haftungsfragen rund um die Schipiste, Diplomarbeit, 1993

F. Bydlinsky — Juristische Methodenlehre und Rechtsbegriff, 2. Aufl., 1991

Gerhard Dambeck — Piste und Recht, 3. Aufl., Ostfildern 1996

DDr. Robert Dittrich,
Dr. Peter Reindl,
Dr. Johannes Stabentheiner — Bergbeförderung, Pistenbetreuung, Wintersport – Verhaltenspflichten und Handlungsmöglichkeiten des Seilbahnunternehmers – 15 Jahre Seilbahnsymposium, in ZVR 1996, S. 194 ff

DDr. Robert Dittrich,
Dr. Peter Reindl, — Probleme der Pistensicherung, in ZVR 1984, S. 321 ff

Dr. Ivo Greiter — Pistensicherung in der österreichischen Rechtsprechung - Rechtsmittelentscheidungen des Obersten Gerichtshofes, der Oberlandesgerichte und der Landesgerichte bis 27. Jänner 1998, davon 80 unveröffentlichte Entscheidungen, Wien 1998

Franz Gschnitzer	Allgemeiner Teil des bürgerlichen Rechts², Wien 1992
Herbert Gschöpf, RA	Carvingschier und Snowboards: Änderung der Pistenregeln erforderlich?, in ZVR 1999, 44
Dr. Marvin Gschöpf	Haftung bei Verstoß gegen Sportregeln – Schwerpunkt Skirecht, Wien 2000
Dr. Joseph Pichler	Pisten, Paragraphen, Skiunfälle – ein Buch von Juristen und Nichtjuristen über Unfallverhütung und Haftung beim Skisport, Wien 1970
Dr. Joseph Pichler	Ursachen der Skiunfälle – Einflussfaktoren, in ZVR 1984, 22
Dr. Joseph Pichler	Die FIS-Regel 5 und die Verwirrung über die Rechte und Pflichten des querenden Skifahrers, in ZVR 1988, S. 65 ff
Dr. Joseph Pichler	Probleme der Wahrheitsfindung bei Skiunfällen, in ZVR 1996, 98 ff
Dr. Joseph Pichler	Zur Kausalität zwischen Skibindungseinstellung und Sturzverletzung, in ZVR 1998, S. 111 ff
Dr. Joseph Pichler	Zur Beweislast für Mitverschulden in Pistensicherungsfällen, in JBl 1999, 465
Dr. Joseph Pichler, Dr. Wolfgang Holzer	Handbuch des österreichischen Skirechts, Wien 1987
Dr. Joseph Pichler, Eduard Rabofsky	Über Zahlen und Ursachen von Skiunfällen, in ZVR 1990, 33 ff

Dr. Peter Reindl, Dr. Johannes Stabentheiner	Neues zum Pistenrand – Randnetze, Fangzäune und Schneezäune – Sturz eines Pistenbenützers – Windenpräparierung, ZVR 2000, 404 ff
Dr. Michael Schwimann	Internationales Privatrecht einschließlich Europarecht, 3. Auflage, Wien 2001
Hans-Kaspar Stiffler	Schweizerisches Skirecht, 1978
Anselm Vogel	Zur Funktionseinheit Ski – Bindung – Schuh, FdSnow Nr. 6 (Ausgabe 1/1995), 16
Dr. Rudolf Welser	Grundriss des bürgerlichen Rechts II, 11. Auflage, Wien 2000

Salzburger Studien zum Europäischen Privatrecht

Herausgegeben von J. Michael Rainer

Band 1 Marc Herzog: Die Haftung des Gastwirts für eingebrachte Sachen des Gasts nach §§ 701 - 703 des Deutschen Bürgerlichen Gesetzbuchs. 1999.

Band 2 Andreas Reinhart: Familienplanungsschaden. Wrongful birth, wrongful life, wrongful conception, wrongful pregnancy. Eine rechtsvergleichende Untersuchung anhand des deutschen und des anglo-amerikanischen Rechts. 1999.

Band 3 Markus Frank: Untersuchungen zu den *Politika* des Aristoteles. 1999.

Band 4 Stefan Josef Schermaier: Der Gemeinschaftsrechtliche Staatshaftungsanspruch. Entwicklung, Perspektiven und Auswirkungen auf das österreichische Recht. 1999.

Band 5 Carmen Windhaber: Reiserecht in Österreich, Deutschland und Kanada. 2000.

Band 6 Korbinian Dietl: Unfallhaftung beim Expeditions- und Trekkingbergsteigen. Zugleich ein Beitrag zum Reiserecht für den Bereich der Bergreisen sowie zum Sporthaftungsrecht für den Bereich des Bergsports. 2000.

Band 7 Erich Jeroscheg: Eigentum an beweglichen Sachen. Französisches Recht und Rechtsvergleich. 2000.

Band 8 Thomas Tschaler: Das Moment der Gefahr als Element der Schadenszurechnung im System des Haftpflichtrechts. Eine rechtstheoretische Untersuchung der möglichen Schwächen gängiger Haftungsmodelle. 2000.

Band 9 Christian Hellenthal: Zulässigkeit einer supranationalen Fußball-Europaliga nach den Bestimmungen des europäischen Wettbewerbsrechts. 2000.

Band 10 Wolfgang Bengen: Die Systematik des § 823 I BGB im Deliktsrecht. Zugleich ein Beitrag zu den Verkehrspflichten. 2000.

Band 11 Gerhard Pöttler: Vergleichende Verbraucherschutzrichtlinienumsetzung in europäischen Mitgliedsstaaten. Anhand ausgewählter Beispiele der Pauschalreise-, Timesharing- und Produkthaftungsrichtlinie. 2001.

Band 12 Johannes Michael Rainer: Europäisches Privatrecht. Die Rechtsvergleichung. 2002.

Band 13 Erwin Schön: Allgemeines Vertragsrecht und Kaufvertragsrecht - ein Rechtsvergleich Österreich, USA, Spanien und UN-Kaufrecht. Unter Einbeziehung von PECL und UNIDROIT-Prinzipien. Gemeinsamkeiten, Unterschiede, Bewertungsversuche. 2003.

Band 14 Patrick Schenner: Skiunfall! Wer haftet? Schadenersatz im österreichischen Skirecht. 2003.